LES NOVUELLES DE MIGUEL CERVANTES.

Traduction nouvelle.

TOME SECOND.

A PARIS,
Chez CLAUDE BARBIN, au Palais,
fur le Perron de la Sainte Chapelle.

───────────────────

M. DC. LXXVIII.
Avec Privilege du Roy.

LES NOUVELLES DE MIGUEL CERVANTES.

L'AMANT LIBERAL.

Ruïnes déplorables de la malheureuse Nicosie, encores teintes du sang de vos braves & infortunez defenseurs, si dans la solitude

II. Part. A

où nous sommes, vous estiés capables d'avoir du ressentiment pour vostre misere, nous pourrions joindre nos plaintes pour deplorer nos malheurs, & peut-estre qu'estant également miserables, nous trouverions quelque soulagement à nos maux. Cette esperance reste à ces Tours qui ne sont pas entierement abatuës, qu'un jour elles se verront encore élevées, mais moy malheureux, quand je retournerois en ma premiere liberté, quelle consolation pourrois-je esperer dans l'estat où je me trouve: tel est l'excez de ma mauvaise fortune; j'ay esté libre, sans avoir aucun bonheur, & presentement que je ne le suis plus, bien loin d'avoir la moindre consolation, je n'ay pas lieu de l'attendre.

C'estoient là les plaintes que faisoit un Esclave Chrestien, considerant du pied d'une montagne les murailles ruïnées de la malheureuse Nicosie: c'est ainsi qu'il s'entretenoit avec elles, & suivant la coustume des affligez, qui possedez de leur douleur, disent des choses éloignées du bon sens & de l'apparence: il comparoit les malheurs de ces murailles aux siennes, comme si elles eussent esté capables d'être touchées de ses paroles. Un jeune Turc de bonne mine sortit d'un des quatre pavillons qui estoient dressez en cette campagne, & s'approchant de cet Esclave, il luy dit. Ie pense amy Ricard, que ta tristesse ordinaire te conduit en ces lieux écartez? Je l'avoüe, répondit Ricard, c'est ainsi que s'appelloit cet Esclave; mais de quoy me sert de chercher les endroits les plus solitaires, si en quelque lieu que j'aille, je ne puis trouver aucun soulagement à ma peine, & mesmes si ses ruïnes que nous voyons ont augmenté ma douleur. Parles-tu de celles de Nicosie, luy dit le Turc? Et de quelles pourrois-je parler, réprit Ricard, s'il n'y en a point d'autres icy qui se presentent à nos yeux? Si cela est, repliqua le Turc, je ne doute point que ces tristes objets ne te preparent à beaucoup de larmes, puisque ceux qui ont vû il y a deux ans dans la tranquillité l'Isle de Cypre, si peuplée & si florissante, & ses habitans qui joüissoient de tout le bonheur que la fortune peut donner aux hommes, les voyant presentement esclaves ou bannis de leur patrie, ne peuvent s'empescher de deplorer leur mauvaise fortune. Mais ne parlons plus des malheurs de cette ville que nous n'avons pû éviter, voyons si les tiens peuvent recevoir quelque soulagement. Je te prie par la tendresse que je t'ay témoigné, par la confiance que nous nous devons, nous qui sommes d'une mesme patrie & qui avons esté élevez en semble dés nostre enfance, dis moy quel est le sujet qui cause la tristesse extreme où je te voy. Je sçay bien que la captivité seule est capable de jetter dans la douleur l'homme du monde le plus satisfait, neantmoins je m'imagine qu'il y a quelque autre cause plus douloureuse qui te fait verser tant de larmes: car un esprit aussi genereux qu'est le tien, ne se rend pas à des malheurs ordinaires. Ce qui me le persuade le plus, c'est que je sçay que tu es assez riche pour te racheter, & que tu n'es pas dans ces Tours de la mer noire comme ces Esclaves qui n'obtiennent que fort tard, ou presque jamais la liberté qu'ils desirent. Ainsi quand je considere que ton malheur ne t'a pas encore reduit au point que de perdre l'esperance d'estre libre, & que d'ailleurs je te vois contraint à donner des marques d'une si violente douleur. Ce n'est pas sans raison que je m'imagine qu'elle vient d'une autre cause que celle de ta liberté perduë. Je te prie donc de me l'apprendre, je t'offre tout ce que je puis, & tout le peu de bien que je possede, & peut-estre que pour te soulager dans ton malheur, la fortune m'a conduit icy, & m'a couvert de cet habit que j'abhorre. Tu sçais que mon maistre est le Cadi de cette Ville, qui est comme un Evesque parmy les Chrestiens, ainsi tu ne peux douter qu'il n'y ait beaucoup de pouvoir, & je t'ay desja dit que je puis quelque chose sur son esprit: tu connois encore le desir violent que j'ay de sortir de l'estat où je suis, & de ne pas mourir dans la Religion qu'il semble que je professe. Aussi je ne puis m'empescher de publier hautement la foy des Chrestiens, dont mon bas âge & mon peu de connoissance m'ont separé; & plust au Ciel que je fusse assez heureux, pour perdre par cette confession, la vie. De tout ce que je viens de te dire, je veux que tu sois persuadé que mon amitié te peut estre de quelque advantage, & que pour te donner les remedes qui peuvent adoucir tes douleurs, il est necessaire que tu me les decouvres. Je te jure un secret inviolable, & de ne jamais confier à personne la moindre de tes paroles.

Ricard écoutoit le Turc sans rien dire, & se voyant obligé à luy découvrir son cœur, & par la necessité & par toutes les choses qu'il luy avoit dites, luy répondit de la sorte : Mon cher Mahamut (c'est ainsi que le Turc s'appelloit) si tu avois aussi bien trouvé le remede à mes maux, comme je vois que tu en as découvert la veritable cause, au lieu de me plaindre du miserable estat où je suis, je ne voudrois pas changer mon malheur pour tous les biens imaginables ; mais il est tel que tout le monde le pourra bien connoistre sans que personne puisse jamais me donner la moindre consolation. Et pour te bien persuader la verité que je viens de te dire, je t'apprendray mes avantures en peu de paroles. Mais avant que je te fasse le detail de ces maux qui me donnent tant de chagrin, apprends moy, je te prie, pour quelle raison Asam Bacha mon maistre a fait tendre en cette campagne ces quatre pavillons, avant que d'entrer dans Nicosie, où il est envoyé Vice-roy. Je te le diray en peu de mots, repondit Mahamut : c'est une coustume parmy les Turcs que les Bachas qui vont en qualité de Vice-roys dans une Province, n'entrent jamais dans la ville où ils doivent faire leur residance, que celuy qui y estoit auparavant n'en soit sorty, & qu'il ne l'ait laissé libre au Bacha qui vient prendre sa place. C'est pour cette raison que le nouveau Vice-roy estant dans la ville, l'ancien demeure à la Campagne, attendant ses depesches, qui se font par une maniere d'information, où il ne peut estre present, afin que ceux qui sont employez à la faire, ne puissent estre gagnez ny par amitié, ny par quelque autre consideration que ce soit. On écrit ces dépesches sur du parchemin, & les ayant fermées & scellées, on les remet à l'ancien Bacha, qui estant arrivé à la Porte du Grand Seigneur, les presente au Divan, composé du Grand Visir, & de quatre Bachas; & selon que ces Informations sont favorables ou desavantageuse à celuy qui les presente, il est recompensé ou puni, s'il ne rachette par une somme d'argent la peine qu'il devroit souffrir : que s'il merite quelque recompense, & qu'on ne la luy donne pas, comme il arrive ordinairement, il obtient par de grands presens qu'il fait, l'office qui luy plaist davantage : car en cette Cour on ne connoist point le merite, mais on vend toutes les choses qui devroient estre la recompense de la vertu. Ceux qui pourvoyent aux Charges, volent ceux qui les ont achetées, & de ce bien qu'ils ont acquis par des injustices continuelles, ils achetent eux mesmes quelque Office plus considerables, où ils trouvent un plus grand profit. Dans cet Empire tout y est gouverné avec violence, marque certaine qu'il sera de peu de durée : C'est donc pour la raison que je viens de te dire, que ton Maistre Azam Bacha a demeuré quatre jours en cette campagne, parce que l'ancien Bacha qui devroit desja estre sorti de Nicosie, en a esté empesché par une maladie dont il est presque gueri : il doit sortir demain matin, & il se va loger dans des tentes que tu n'as pas veuës, qui sont dressées derrire cette montagne; alors ton Maistre entrera dans la ville. Voilà tout ce que j'ay à te repondre sur ce que tu m'as demandé.

Escoute moy donc, reprit Ricard, mais je ne sçay si je pourray faire ce que je t'ay promis, de te raconter en peu de mots l'histoire de mes malheurs: ils sont si grands & si extraordinaires que je ne pense pas pouvoir jamais te les dire avec toutes les paroles du monde, je feray neantmoins mon possible pour tacher d'en venir à bout, & je t'en diray autant que l'occasion me le permettra.

Mais je te demande premierement. Ne connois tu point dans noſtre bourg de Trepane, cette fille que la renommée a fait paſſer pour la plus belle de Sicile, de qui les eſprits les plus rares ont parlé, comme d'une beauté ſi parfaite que le monde n'en a jamais vû, & n'eſpere pas d'en voir jamais de ſemblable.

C'eſt d'elle que les Poëtes de Sicile diſent des choſes ſi charmantes; qu'elle a les cheveux blonds, que ſes yeux ſont éclatans, que ſes joües & ſes levres ſont couvertes d'une rougeur auſſi vive que celle des roſes, & que ſon teint plus blanc que la neige, éblouït les yeux de tout le monde: enfin toute ſa personne est un amas de merveilles, sur qui la nature a répandu tant d'agrémens & de charmes, que l'envie n'a jamais pû trouver en elle le moindre defaut. Est-il possible Mahamut ! que tu ne m'ayes pas encore dit qui elle est, & comme on l'appelle ? asseurement tu ne m'écoutes pas, ou quand tu estois à Trepane, tu n'avois point de curiosité. Je t'advoüe, répondit Mahamut, que si celle que tu m'as dépeinte avec des charmes si extraordinaires, n'est Leonise, fille de Rodolphe Florence, je ne sçay de qui tu me parles ; car il n'y avoit qu'elle seule dans nostre Bourg qui fust aussi belle que la personne que tu m'as représentée.

presentée. Oüy Mahamut! c'est elle mesme, repondit Ricard, c'est elle qui est la cause de toutes mes douleurs, c'est elle, & non pas l'estat malheureux où je suis, qui m'a fait repandre tant de larmes, & qui m'en fera verser toute ma vie : c'est Leonise qui arrache de mon cœur une infinité de soupirs, & qui me fait pousser des plaintes qui importunent le Ciel qui les entend & tous ceux qui les écoutent; elle seule est la cause de cette tristesse que tu vois dans mes yeux, qui sans doute m'a fait passer dans ton esprit pour un cœur foible, qui se laisse abattre au moindre malheur. Cette Leonise, si cruelle pour moy, & qui est douce pour une autre, me tient dans le misérable estat où tu me vois. Dés mes plus tendres années, & à peine avois-je le premier usage de la raison, que non seulement je l'aimay avec violence ; mais ne trouvant rien sur la terre qui approchast de ses charmes, je la regarday comme la seule personne qui meritoit les adorations de tout le monde : je m'attachay uniquement à elle, avec toute l'assiduité dont j'estois capable : ses parens connoissoient mes desseins, & sçachant qu'ils ne tendoient qu'à une fin honneste, bien loin de me témoigner quelque froideur, je sçay qu'eux-mesmes les disoient à Leonise, pour la disposer à me regarder comme devant estre son mary; mais elle avoit desja jetté les yeux sur Corneille fils d'Ascagne Rotule, que tu connois. C'est un jeune homme bien fait, qui a l'air galant, les cheveux beaux, les manieres fort douce, & qui est toûjours magnifique en habits. Comme je n'estois pas si bien fait que luy, elle ne daigna pas seulement me regarder, & ne pû se resoudre à souffrir mon amour, qu'elle payoit de mille sortes de mépris. Neantmoins la tendresse que j'avois pour elle devint si extréme, que je me ferois fait un plaisir de supporter tous ses dedains, pourveu qu'elle n'eust pas fait ouvertement des faveurs à Corneille, qui pour estre honnestes, ne m'estoient pas moins sensibles. Juge par là de l'estat où pouvoit estre mon cœur, accablé de toute la haine de Leonise, & de ma cruelle jalousie. Ses parens faisoient semblant de ne pas voir la tendresse qu'elle témoignoit à Corneille, se persuadans, comme ils le pouvoient faire raisonnablement, que cet Amant, emporté par les charmes incomparables de Leonise, l'épouseroit, & qu'ils auroient un Gendre plus riche que je ne le suis. Cepenpendant ils se trompoient, & je puis dire sans vanité, que la naissance de Corneille n'est pas plus élevée que la mienne, & qu'il n'a ny plus d'honneur ny plus de courage que moy. Pendant que je continuois mon amour pour Leonise, je sceus qu'un jour du mois de May, il y a presentement une année, Leonise, ses parens, Corneille, avec toute sa famille s'alloient divertir au jardin d'Ascagne, qui est auprés du bord de la mer sur le chemin des Salines. Je sçay où il est, luy dit Mahamut, & j'y ay passé d'agreables momens autrefois. D'abord que j'eus appris cette nouvelle si terrible pour moy, la rage, & la fureur s'emparerent si violemment de tous mes sens, que j'en perdis la raison, comme tu le jugeras par toutes les choses que je fis alors. Je courus sur l'heure à ce jardin, où je trouvay la compagnie qui se divertissoit, & à quelques pas de là, j'apperceus Corneille & Leonise assis au pied d'un arbre qui estoient un peu éloignez l'un de l'autre: je ne sçay pas l'effet que ma veuë produisit dans leur esprit, mais je puis bien t'asseurer qu'en les voyant, je tombay dans une si grande douleur que je fus quelque temps sans voix & sans mouvemens: la rage neantmoins que je sentois dans mon cœur ne tarda guere à paroistre. Il est vray que le respect que j'eus pour Leonise, m'empescha de faire aucune violence à son Amant; mais la fureur où j'estois me fit prononcer ces paroles. Te voilà bien contente, mortelle ennemie de mon repos, d'avoir toûjours devant tes yeux avec tant de plaisir, cet Amant qui me fait mourir de douleur! Ne laisse pas de t'approcher de luy, quoy qu'il te traite ce me semble, avec assez d'indifference; il est temps que tu suives pour toûjours, ce jeune homme que tu aimes si tendrement, afin qu'ayant perdu l'esperance de te rendre sensible à mes peines, je perde aussi une malheureuse vie, pour laquelle je n'ay plus que de l'horreur: peut estre crois tu, superbe Fille, que pour toy seule, le Ciel changera les Loix & les Coûtumes qui s'observent ordinairement dans le monde: tu crois, dis-je, que ce jeune Amant sans

experience, orgueilleux de ses richesses & de sa beauté, voudra toûjours t'aimer constamment, & pourra te conserver sa fidelité: tu te figures que connoissant les qualitez qui te rendent aimable, il aura pour toy toute l'estime que tu merites: desabuse-toy de cette pensée, il n'appartient qu'aux gens sages d'en user de la sorte. Et toy jeune homme, qui crois de posseder à ton aise une chose qui n'est deuë qu'à mon amour, que fais-tu assis sur ces fleurs où tu m'écoutes? que ne viens-tu plutost m'arracher vn cœur qui est plein pour toy d'une haine mortelle? la tranquillité où tu es, m'offenceroit si je voyois que tu connuſ-
ſes

fes le prix du bien que tu posse-
des; mais je vois bien que
tu ne le connois point, ou
que tu en fais si peu de cas
que tu ne daignes pas seulement rien hazarder de ta parure affectée, pour le deffendre. Lasche! va t'en parmy
les femmes de la maison de
ta mere, chercher le seul plaisir dont tu es capable, puis
que tu es indigne de toucher
une épée.

Corneille écouta tout ce
que je viens de te dire sans
faire le moindre semblant de
se lever du lieu où il estoit assis, au contraire il me regardoit comme un homme im-
mobile & enchanté. Ie luy
avois parlé d'une voix assez
haute pour estre entendu de

tous ceux qui estoient dans ce jardin, qui s'approchant doucement, oüirent encore les autres choses que je luy dis.

Quand Corneille vit approcher ces gens qui estoient presque tous ses parens & ses domestiques, il prit cœur, & fit mine de se lever; mais sans attendre qu'il fust debout, possedé d'une fureur dont je n'estois pas le maistre, je me jettay l'épée à la main non seulement sur luy, mais encore sur tous ceux qui estoient venus pour le deffendre. Leonise ayant à peine vu reluire mon épée, tomba évanoüie, ce qui m'anima encore plus de colere, & de dépit. Enfin je ne sçay si ces gens contre qui je me battois, me regardoient comme un furieux, dont ils se contentoient de se deffendre sans vouloir me nuire, ou si ce fut un effet de mon addresse & de ma bonne fortune, ou si le Ciel me favorisoit en cette occasion, pour me reserver à de plus grands maux ; mais je blessay sept ou huit de ceux qui m'avoient le plus resisté. Pour Corneille, il fuit d'abord, & ce fut par ce moyen qu'il échappa de mes mains.

Comme j'estois en ce danger si manifeste, environné de mes ennemis, qui faisoient tous leurs efforts pour se vanger des blesseures que je leur avois faites, la fortune me vint secourir d'une maniere si cruelle, que j'aurois mieux aimé mourir dans cette occasion, que de me voir conserver la vie par une voye qui devoit me la faire perdre un million de fois à chaque moment.

Deux Galeres Turques s'étant mises à l'abry dans une cale voisine, debarquerent secretement sans estre apperceuës ny par les sentinelles du rivage, ni par ceux qui gardent la coste. Les Turcs estant debarquez, nous surprirent dans le jardin où nous estions. Ceux contre qui je me battois, les ayant apperceus, me quitterent d'abord, & fûirent avec toute la vitesse imaginable. De tous ceux qui estoient dans ce lieu, les Turcs n'en purent prendre que trois, & Leonife qui eſtoit encore évanoüie. Je fus pris comme les autres, apres avoir receu quatre grandes bleſſeures, que je vangeay ſur quatre Turcs que j'étendis morts ſur la place. Les Turcs firent ce coup avec toute la diligence qui leur eſt ordinaire en de pareille occaſion, ſans eſtre fort contans du ſuccez de leur entrepriſe. Ils s'allerent d'abord embarquer, & à force de rames, ils s'éloignerent du rivage, & arriverent en peu de tems à la Fabiane. En ce lieu là ils firent la reveuë, pour ſçavoir les hommes qui leur manquoient, & ayant trouvé que c'eſtoient quatre Soldats qu'ils nomment du Levant, qui ſont les plus braves qu'ils ayent, voulurent vanger leur mort par la mienne, en m'attachant à l'antenne que le Capitaine fit abaisser.

Leonise qui estoit revenuë de son évanoüissement, regardoit toutes ces choses avec beaucoup d'application, se voyant au pouvoir des Corsaires; elle faisoit couler de ses yeux une abondance de larmes, & joignant ses belles mains comme une personne touchée de la derniere douleur, elle écoutoit sans rien dire, ce que disoient les Turcs, pour tascher d'entendre quelqu'une de leurs paroles; mais n'en pouvant venir à bout, un Esclave Chrestien pour la tirer de la peine où elle estoit, luy dit en langue Italienne, que le Capitaine de la Galere commandoit de me faire mourir, parce qu'en me deffendant j'avois tué quarre de ses meilleurs Soldats. Leonise ayant apris cette funeste nouvelle, se sentant touchée pour moy de quelque sorte de compassion (& ç'a esté la premiere fois qu'elle a eu ces sentimens.) pria l'Esclave qui luy avoit parlé, de dire aux Turcs qu'ils me donnassent la vie, & qu'ils me remenassent à Trepane, qu'on me racheteroit d'abord par une somme considerable, & dont ma mort les priveroit. Ce fut là, comme je viens de dire, la premiere marque de pitié que Leonise a sentie pour moy, & je crois que ce sera la derniere. Les Corsaires entendans ce que l'Esclave Chrestien leur disoit, entrerent dans sa pensée, & l'interest adoucit leur colere, & leur fit changer de sentiment. Le lendemain arborant un Etendart de paix, ils retournerent à Trepane. Ie passay cette nuit avec la douleur que tu peus t'imaginer, qui ne me venoit pas tant de mes blessures, que de la pensée que j'avois du danger où se trouvoit parmy ces Barbares, ma cruelle ennemie. Les Turcs s'estans approchez de Trepane, une de leur Galeres entra dans le Port, & l'autre en demeura un peu éloignée. Tout le rivage fut d'abord remply de Chrestiens, & Corneille indiferent pour le malheur de Leonise, consideroit de loin ce qui se passoit dans cette Galere. Comme on vint aussi-tost pour traiter de ma rançon, je dis qu'on ne songeast point à moy, mais seulement à Leonise, & qu'on donnast tout mon bien pour luy rendre la liberté. J'envoyay parler aux parens de cette fille, pour les consoler du malheur qui luy estoit arrivé, & pour les prier de ne pas s'en mettre en peine, que ce seroit moy qui payerois sa rançon. Le Capitaine qui estoit un Renegat Grec appellé Isuf, demanda six mille écus pour Leonise, & quatre mille pour moy, ajoûtant qu'il ne donneroit pas l'un sans l'autre. J'ay sçeu depuis qu'Isuf vouloit avoir cette grande somme, parce qu'il estoit devenu amoureux de Leonise, & que n'ayant pas envie de la rendre, il avoit résolu de la garder pour luy, & de me donner avec mil escus, au Capitaine de l'autre Galere, avec qui il devoit partager le butin. Les parens de Leonise se fians à la promesse que je leur avois fait, n'offrirent rien pour sa liberté, & Corneille eut la dureté de ne pas dire un mot pour contribuër à la luy rendre : Enfin apres plusieurs discours que l'on eut avec les Corsaires, on conclut à donner cinq mille escus pour Leonise, & trois mille pour moy. Quelque chagrin secret qu'eust Isuf à rendre cette fille, il fut pourtant obligé & par le Capitaine de l'autre Galere, & par la persuasion des Soldats, d'accepter l'offre qu'on luy avoit faite. Mais comme l'on n'avoit pas alors toute la somme qu'on avoit promise, on demanda trois jours de terme, dans le dessein de vendre plustost tout mon bien à vil prix, que de manquer de l'avoir. Isuf fut ravy de le donner, s'imaginant que pendant ce temps-là il trouveroit l'occasion de rompre le traité, & de retirer sa parole: Il dit neantmoins qu'il devoit s'en retourner en l'Isle de la Fabiane, & qu'après les trois jours, il reviendroit pour recevoir la somme dont on estoit convenu. Mais la fortune cruelle, qui n'estoit pas encore lassée de me persecuter, fit qu'une Sentinelle qu'on avoit posée au lieu le plus élevé de l'Isle, découvrant fort avant dans la mer six Voiles d'Italie, crut, comme il estoit vray, que ce devoit estre des Galeres de Malte ou de Sicile. Il courut d'abord en apporter la nouvelle. Les Turcs qui estoient en terre, dont les uns mangeoient sur le bord de la mer, & les autres lavoient leurs habits, en estans épouvantez, s'embarquerent avec precipitation,

& tournans du costé de Barbarie, ils furent en un moment en pleine mer, & en moins de deux heures ils perdirent de veuë les Galeres que la Sentinelle avoit découvertes. Ce fut par ce moyen & à la faveur de la nuit, que ces Barbares se rasseurerent contre la crainte qu'ils avoient euë.

Ie te laisse à penser, mon cher Mahamut! dans quel estat estoit mon cœur pendant le chemin, si contraire à celuy que nous devions faire à Trepane : imagine-toy le deplaisir que j'eus le lendemain, quand je vis que les deux Galeres estans arrivées en l'Isle de la Pantanalée du costé du midy, les Turcs descendirent à terre pour couper du bois, & pour aller à la chasse, & que les deux Capitaines se mirent en devoir de partager leur butin. Toutes leurs actions me faisoient mourir de douleur. Venant ensuitte au partage de Leonise & de moy, Isuf donna à Fetale, qui estoit le Capitaine de l'autre Galere, quatre Esclaves Chrestiens pour mettre à la rame, deux jeunes hommes natifs de Corsegue, & moy avec eux, afin que Leonise luy demeurast, dont Fetale fut content. Quoy que je visse devant mes yeux tout ce qui se passoit, je n'entendis aucune de leurs paroles, & je n'aurois jamais sceu à qui j'estois écheu en partage, si Fetale s'estant approché de moy, ne m'eust dit en langue Italienne, Chrestien! tu es à moy, tu me couste deux mille écus, ta liberté est à quatre mille, ou il faut te resoudre à mourir icy. Je luy demanday si la Chrestienne luy appartenoit, il me répondit que non; mais qu'Isuf l'avoit gardée pour luy, à dessein de la faire Mahometane & de l'épouser: ce qui me fut confirmé par un Esclave, qui entendoit le Turc, & qui me dit l'intention du Corsaire. Je priay alors Fetale de faire ensorte de l'avoir, & que je luy donnerois pour elle seule dix mille écus. Il me repondit que la chose estoit impossible; mais qu'il diroit à Isuf la grande somme que j'offrois pour cette fille, & que peut estre l'interest luy faisant changer la resolution qu'il avoit de la retenir, il consentiroit qu'elle fust rachetée. Fetale le fit: cependant il commanda à tous ceux de sa Galere, de s'embarquer sur le champ, par ce qu'il vouloit aller à Tripoli de Barbarie, qui estoit le lieu de sa naissance. Isuf voulant pareillement aller à Biserte, fit embarquer tous ses gens avec l'empressement qu'ils ont ou à fuir les ennemis, ou à courir sur ceux qu'ils veulent piller : & ce qui les obligea encore à se presser d'avantage, fut que le temps sembloit se changer. Quoy que

que Leonise fuſt à terre, elle eſtoit en un endroit, où je ne pus jamais la découvrir; mais comme on nous conduiſoit chaqu'un dans la Galere de ſon Capitaine, je la vis monter dans celle d'Iſuf ſon nouveau maiſtre qui luy donnoit la main. Alors elle jetta les yeux ſur moy, les miens ne la perdirent point de veuë; & la voyant dans l'eſtat malheureux où elle eſtoit, je fus ſaiſi d'une douleur ſi violente, que je tombay au bord de la mer ſans aucun ſentiment. On me dit que la meſme choſe eſtoit arrivée à Leoniſe, & qu'elle ſeroit tombée de l'eſchelle dans la mer, ſi Iſuf qui eſtoit derriere elle, ne l'euſt receuë entre ses bras. J'apris cette triste nouvelle dans la Galere de mon Maistre, où l'on m'avoit porté sans l'avoir senti, mais quand j'eus repris mes sens, que je vis que la Galere où j'estois, alloit d'un costé, que l'autre prenoit un chemin differend, & qu'elle me ravissoit Leonise, que j'aimois plus passionnément que ma vie; ce fut alors que mon cœur estant saisi d'un nouveau desespoir, je maudis encore mille fois ma mauvaise fortune. J'appellay la mort à mon secours, & les cris que je poussay estoient si violent, que mon Maistre lassé de les entendre, me menaça de me maltraiter, si je continuois plus long-temps à me plaindre. Je fus contraint d'arrester mes larmes, & de retenir mes soupirs, croyant que leur violence finiroit bien-tost une vie que je ne pouvois plus supporter. Mais la fortune qui me vouloit reduire en un estat encor plus malheureux, m'osta bien-tost toute esperance. La tempeste qu'on craignoit, s'éleva en un moment, & le vent qui souffloit du costé du midy, & qui s'estoit desja rendu maistre de nostre Galere, redoubla avec tant de force, que l'on fut contraint de la laisser aller où il voulut l'emporter. Le Capitaine avoit dessein de gaigner la pointe de l'Isle pour se mettre à l'abry du costé du nord; mais le succez fut contraire à ses esperances, le vent changea avec tant de fureur, qu'en quelques heures, nous nous trouvâmes encore auprés de cette Isle dont nous estions partis deux jours auparavant, & en danger de voir briser nostre Galere contre des rochers qui se presentoient à nostre veuë, & qui nous menaçoient d'une mort prochaine. Nous vismes à costé de nous celle où estoit Leonise. Les Esclaves & les Turcs à force de ramer, faisoient aussi bien que nous, tous leurs efforts pour éviter ces écueils; mais estans fatiguez du travail, & vaincus de la fureur du vent, ils furent contrains de quitter la rame, & de s'abandonner à la violence des flots, qui les emporterent devant nos yeux contre ces rochers, où la Galere se mit en pieces. La nuit commençoit à venir, les cris de ceux qui se perdoient, & le trouble de nos gens, estoit si grand, que de tout ce que Fetale commanda, on n'entendit autre chose dans nostre Galere, que de tourner la proüe au vent, de ne point quitter la rame, & de laisser les ancres dans la mer pour differer encore de quelques momens la mort qu'ils croyoient asseurée. Quoy que tous ceux de nostre Galere craignissent de mourir; au lieu d'avoir la mesme peur, je ne craignois rien tant que de vivre: l'esperance que ma Religion me donnoit de revoir Leonise, apres la perte de ma vie, me faisoit regarder la mort comme la seule chose que je pouvois souhaiter, & chaque moment que la Galere differoit à se perdre, estoit pour moy une douleur infinie. Voyant pres de moy les flots que le vent élevoit, je prenois garde si je n'y decouvrirois point le corps de ma chere Leonise. O Mahamut! je ne veux pas m'arrester plus long-temps à te faire un détail des pensées & des inquietudes mortelles que j'eus pendant cette nuit, pour ne pas manquer à la parole que je t'ay donnée de te raconter en peu de mots mes malheurs. Il suffit de te dire que mes maux furent si grands, que la mort m'auroit semblé mille fois plus aggreable.

Le jour parut avec des signes d'une tempeste plus furieuse que celle qui estoit passée, nous trouvames que nostre Galere ayant pris un autre chemin, & s'estant éloignée des rochers que nous craignions, estoit pres d'une pointe de l'Isle. Les Chrestiens & les Turcs animez de la mesme esperance, & ayans pris de nouvelles forces, en six heures de temps, doublerent le cap de cette Isle, & trouvant la mer plus calme, ils allerent facilement chercher un abry pour se mettre à couvert de l'orage. Alors les Turcs descendirent à terre, pour voir s'ils decouvriroient quelque reste de la Galere qui avoit donné la nuit contre les écueils; mais le Ciel insensible à ma peine, ne me voulut pas accorder la consolation que j'esperois de voir entre mes bras le corps de la malheureuse Leonise, qui tout mort & tout dechiré qu'il pouvoit estre, m'auroit donné le plaisir funeste de mourir de douleur. Voyant qu'un Renegat s'alloit debarquer, je le priay instamment de le chercher, & de voir si la mer ne l'auroit point poussé sur les bords; mais comme je viens de te dire, le Ciel me refusa cette

cette grace, & au mesme moment le vent commença à souffler avec tant de violence, que l'abry que nous avions cherché dans ce lieu, nous fut entierement inutile. Fetale voyant que la fortune ne cessoit pas de le persecuter, commanda de faire voile, & tournant la proüe du costé de l'eau, il prit luy-mesme le soin du timon, & abandonna sa Galere en pleine mer, sans pretendre de rien faire pour détourner son chemin. Toutes les rames étoient attachées au tillac, & de tous ceux qui étoient assis aux bancs, pas un ne paroissoit que le Comitre, qui mesme s'étoit fait attacher à l'estenterol pour la seureté de sa vie. La Galere fut emportée avec tant de violence, qu'en trois jours & trois nuits passant à la veuë de Trepane, de Melaze & de Palerme, elle s'emboucha dans le Fare de Messine, avec une crainte extreme de tous ceux qui étoient dedans, & de ceux mesmes qui la regardoient du rivage. Enfin pour ne pas te faire un plus long discours, je te dirai que fatigués d'un tour aussi grand que celuy que nous avions fait de presque toute la Sicile : Nous arrivâmes à Tripoli de Barbarie, où mon Maître, avant que d'avoir partagé le butin avec ses compagnons, & en avoir selon la coûtume, donné au Roy la cinquiéme partie, fut attaqué d'un si grand mal de costé, qu'il en mourut en trois jours. Le Roy de Tripoli, & celuy qui comme tu sçais, est établi du Grand Seigneur sur les Mers, se mirent en possession de tout son bien. l'escheu dans son partage. Quinze jours aprés il fut fait Roy de Chypre, & je suis venu avec luy jusqu'icy sans dessein de me racheter, quoy qu'il m'ayt dit plusieurs fois de le faire. Il avoit sceu des Soldats de Fetale que j'étois de bonne maison, & assez riche pour me tirer de l'état où je me trouvois. Mais je luy répondois qu'on l'avoit trompé, que ma naissance étoit basse, & que j'étois né sans aucun bien de la fortune. Que si tu veux, mon cher Mahamut que je t'ouvre icy le fond de mon ame, je t'avoüeray que je ne cherche rien qui me puisse donner la moindre consolation. Ie veux au contraire que le souvenir & la douleur que j'ay de la mort de Leonise qui ne me quittent jamais, viennent se joindre à l'état mal-heureux où je suis, afin que je verse toûjours des larmes, & que ma vie ne soit qu'une suite eternelle d'amertumes. S'il est vray que les grandes douleurs doivent bien-tost finir, ou tirer en peu de temps du monde ceux qui en sont accablez, je ne doute pas que les miennes que je va redoubler avec toute la violence imaginable, ne terminent bientost mes jours mal-heureux qui me paroissent si longs, & que je soûtiens encore avec tant de déplaisir.

Voilà mon cher Mahamut, l'Histoire de mes malheurs, voilà la cause de tant de soûpirs, & des pleurs que tu me vois répandre ; considere presentement si j'ay lieu de me plaindre. Leonise est morte, avec Leonise j'ay perdu toute mon esperance, & quoy que pendant sa vie, mon espoir fust bien foible, neantmoins.... A ce mot Ricard ne pouvant suporter sa douleur, perdit entierement la parole, & l'on vit son visage tout noyé de larmes. Mahamut touché d'une Histoire si douloureuse, ne pût aussi s'empescher d'en donner quelque marque ; mais un moment après, tachant de consoler Ricard par les meilleures raisons qu'il luy pût dire : Amy Mahamut, luy répondit Ricard, en l'interrompant : toute la grace que je demande est de ne trouver aucune douceur dans mon esclavage, afin qu'eprouvant toute sorte de cruautez, & ajoûtant douleur sur douleur, je puisse finir en peu de temps une vie si mal-heureuse. Il est bien vray, dit Mahamut, que quoy qu'un grand déplaisir ne permette pas souvent de parler, il ne laisse pas de donner quelquefois la liberté de le dire. Mais Ricard ! Quoy qu'il en soit, que ta douleur égale tes paroles, ou que tes discours surpassent tes déplaisirs, tu dois estre persuadé que tu trouveras en moy un amy fidele, toûjours prest à te secourir, & à te donner les conseils que je jugerai necessaires pour ton repos. Il est vray que la jeunesse où je suis, & la faute que j'ay faite, de prendre l'habit que je porte, sont des choses qui pourroient t'empescher de te fier à moy: Si tu és dans cette pensée, je tâcherai par l'amitié que je te jure, & par la part que je veux prendre à ce qui te touche, de te faire changer de sentiment, &

quoy que tes malheurs t'ayent mis en un état à vouloir refuser tout le secours, & tous les conseils qu'on te pourroit donner, je ne laisserai pas neantmoins de te dire ce qui sera necessaire pour adoucir tes déplaisirs, & pour te procurer une vie plus douce. Il n'y a personne dans cette Ville qui tienne un plus grand rang, ny qui y ait plus de pouvoir que le Cadi mon Maistre, qui mesme est au dessus du tien, quoy qu'il y vienne pour estre Vice-roy. Cela estant, je puis t'asseurer que personne ne peut icy tant que moy, puisque mon Maistre fait tout ce que je luy demande. Je te dis toutes ces choses parce qu'on pourroit trouver le moyen de te donner à luy, & estant tous deux ensemble, nous verrions mieux dãs la suite ce qui seroit utile pour nostre repos. Tu recevrois avec moy quelque sorte de consolation, si ton cœur en est encore capable, & moy malheureux qui selon l'apparence suy la loy de Mahomet, je chercherois un autre lieu où j'aurois la liberté de vivre d'une maniere conforme à ma Religion. Mon cher Mahamut ! répondit Ricard, je te suis infiniment obligé de tous les services que tu m'offres, je suis neantmoins certain que quelque soin que tu prennes pour la tranquilité de ma vie, tes efforts me seront également inutiles.

Mais laissons ce discours, allons aux tentes, parce que je vois sortir de la ville, une grande foule de gens, & c'est sans doute l'ancien Vice-roy qui vient demeurer quelque-temps à la campagne, & qui cede sa place à mon Maistre. Cela est vray, dit Mahamut, viens avec moy, je te feray voir les ceremonies qu'on fait en ces sortes d'occasions; & peut-estre te donneront-elles quelques plaisir. Je le veux, répondit Ricard, mais ne me quittes pas, car si par hazard celuy qui a la garde des Esclaves de mon Maistre, qui est un impitoyable Corse renié, me vouloit maltraiter, tu m'en guarantirois.

Ils finirent leur entretien,

& allerent du costé des Tentes dans le mesme temps qu'Ali l'ancien Bacha s'en aprochoit, & que le nouveau sortoit à la porte pour le recevoir. Ali Bacha venoit accompagné de cinq cens Janissaires, qui sont ordinairement en garnison dans Nicosie depuis que les Turcs s'en sont emparez. Ces Soldats composoient deux aîles, les uns portans des mousquets & les autres le cimeterre nud à la main. Ils s'aprocherent en cet équipage de la porte de Hazan le nouveau Bacha, & environnerent toute sa Tante ; alors Ali Bacha luy faisant une profonde reverence, & Hazan l'ayant salüé avec moins de soumission. Ali entra dans son Pavillon, pendant que les Janissaires ayant mis Hazan sur un beau cheval richement enharnaché, luy firent faire le tour des Tentes, & le menerent au milieu de la campagne, criant devant luy, Vive Soliman Sultan & Hazan Bacha son Gouverneur; & repetant souvent les mesmes paroles en redoublant leurs voix, ils le remenerent au Pavilion où Ali étoit demeuré. Ils s'enfermerent tous deux avec le Cadi l'espace d'une heure, & ce fut comme Mahamut dit à Ricard, pour parler des choses necessaires à la ville, & des ouvrages qu'Ali avoit fait commencer. Peu de temps apres le Cadi paroissant à la porte de la Tente, se mit à crier en Langue Turque, Grecque, & Arabe, que tous ceux qui voudroient entrer dans le Pavillon pour demander justice contre Ali, le pouvoient faire avec liberté; que Hazan Bacha envoyé Vice-roy de Chypre par le Grand Seigneur estoit là pour la leur rendre. Alors les Janissaires laissant libre à tout le monde l'entrée de la Tente se retirerent. Mahamut entra avec Ricard, qui estant Esclave du nouveau Gouverneur ne trouva personne pour l'en empescher. Quelques Grecs Chrétiens, avec quelques Turcs allerent faire leur plainte, mais les choses estoient de si peu de consequence que le Cadi les termina sur le champ, sans aucune réponses, & sans donner aux parties le moindre délay. Parmy cette Nation toutes les affaires, excepté celles qui regardent le mariage, s'expedient debout avec promptitude, suivant le jugement d'un homme équitable plûtost que selon les embarras de la Loy : Et le Cadi est le seul qui connoist & qui abrege toutes les causes par une Sentence sans apel.

En ce mesme-temps un Chaoux vint dire qu'il y avoit à la porte de la Tente un Juif, qui vouloit vendre une Esclave Chrestienne. Le Cadi commanda qu'on le fist entrer. Le Chaoux sortit & un moment apres, il revint accompagné du Juif qui menoit par la main une fille vétuë à la mode de Barbarie, avec tant de propreté & d'agrémens, que les femmes les plus riches de Fez & de Maroc, qui surpassent dans la maniere de s'habiller toutes celles d'Afrique, n'auroient pû l'égaler. Elle avoit le visage couvert d'un voile de taffetas cramoisi, le bas de ses jambes estoit environné de deux coliers d'or, & ses bras dont la blancheur éblouïssoit, estoient ornez de deux brasselets d'or semez de perles. Enfin il n'y avoit rien de si riche ny de si galant que son habit. Le Cadi & les deux

Bachas ravis de cette premiere veüe, avant que de rien dire, commanderent au Juif de devoiler cette Esclave, ce qu'il fit d'abord, & son visage parut si beau, & si éclatant, qu'il éblouit les yeux, & toucha le cœur de tous ceux qui la regardoient: Celuy sur qui la beauté charmante de l'Esclave fit une impression plus grande, fut le malheureux Ricard, qui reconnut que c'étoit sa chere Leonise qu'il croyoit morte & qu'il avoit si souvent pleurée. Les charmes de Leonise fraperent dans ce moment le cœur des deux Bachas, & le Cadi luy-mesme, qui ne pouvoit cesser de la regarder, n'en fut pas exempt. L'amour secret

cret qu'ils avoient tous trois conceu pour cette fille, leur donnoit à chacun l'envie de l'acheter, & sans s'informer du Juif en quel temps ny de quelle maniere elle estoit venuë entre ses mains, ils luy demanderent d'abord le prix qu'il en souhaittoit. Le Juif ayant répondu qu'il la vouloit vendre quatre mille pistoles, Ali luy dit d'aller à sa Tente qu'on les luy cõpteroit sur le champ. Hazam le nouveau Bacha, qui estoit resolu à quelque prix que ce fust de ne pas laisser à Ali cette Esclave, dit qu'il donneroit aussi pour elle la mesme somme, & qu'il ne croyoit pas qu'Ali fust assez hardy pour l'en empécher, parce qu'il

II. Part. E

l'acheptoit pour le Grand Seigneur. C'est aussi mon dessein, reprit Ali, & je m'en vas à Constantinople. Vous estes Vice-roy de Chypre, je n'ay plus de charge, & cette Esclave que je presenteray au Grand Seigneur, me faisant gagner ses bonnes graces, me sera un moyen pour obtenir un Gouvernement. Ces raisons, & l'offre que j'ay faite le premier d'achepter cette fille, vous doivent obliger de me l'abandonner. J'ay bien plus de sujet, reprit Hazan, de la vouloir pour la donner au Grand Seigneur. Mon present luy sera d'autant plus agreable que je le luy feray sans aucun interest de ma fortune : Et pour ce qui est de la luy envoyer je la mettray dans une Galere, avec mes Esclaves qui la conduiront à Constantinople. Ali irrité des paroles du nouveau Bacha se leve en furie, & mettant le cimeterre à la main: Puisque c'est pour le Grand Seigneur, luy dit-il, que j'ay voulu avoir cette Esclave & que j'ay esté le premier à la vouloir achepter. Il est juste que vous me la laissiez, & si vous voulez vous y opposer, ce cimeterre soustiendra mon droit & me fera raison de vostre audace. Le Cadi qui avoit le cœur aussi touché pour la Chrestienne que les Bachas, les voyant tous deux sur le point d'en venir aux mains, & songeant comment il pourroit faire pour les accorder, en retenant luy-mesme l'Esclave, sans donner le moindre soupçon de ses desseins, se leve, & s'estant mis entr'eux. Appaisez-vous, leur dit-il, c'est moy qui sçay, & qui puis terminer vos différens, en telle maniere que chacun de vous aura ce qu'il demande, & que le Grand Seigneur sera servi comme vous le souhaitez. Les Bachas obeïrent aux paroles du Cadi, pour qui les Turcs ont toûjours tres-grand respect. Le Cadi les voyant un peu plus tranquilles : Vous dites, Ali, continüa-t'il, que vous voulez achepter cette Chrestienne pour le Grand Seigneur, Hazam est dans le mesme dessein, il est vray que vous avez offert le premier la somme que le Iuif demande; mais ce n'est pas une raison assez forte pour faire que Hazam vous l'abandonne; il me semble que voicy le moyen de vous accorder. Cette Esclave est à vous deux, ce qu'on en doit faire, dépendra de la volonté du Grand Seigneur, puisque vous l'achetez pour luy: ainsi donnez au Iuif chacun deux mille pistoles, & elle demeurera en mon pouvoir. Et afin que le Grand Seigneur me sçache quelque gré du present que vous luy ferez, je m'offre de l'envoyer moy-mesme à mes dépens à Constantinople, avec tout le respect qui est deu à la grandeur de celuy à qui vous la destinez. Ie ne manqueray pas aussi d'écrire à Sa Hautesse, l'affection que vous avez tous deux témoignée pour son service. Les deux Bachas passionnez pour la Chrestienne, ne sçeurent que dire; & quoy qu'ils vissent bien que l'expediant que le Cadi avoit trouvé pour les accorder, les éloignoit de leur pretention, ils n'oserent pas le refuser, chacun d'eux esperoit toûjours en luy-mesme de trouver quelque moyen de l'avoir. Hazam pensoit qu'estant Viceroy de Chipre, il pourroit faire au Cadi des presens si considerables, qu'à la fin en estant accablé, il seroit obligé de luy dōner la Chrestienne. Ali de son côté résolut une chose qu'il croyoit qui la feroit tomber entre ses mains, ainsi chacun se tenant asseuré de l'évenement de ses projets, tous les deux consentirent à la laisser au Cadi, & payerent au Iuif les quatre mille pistoles qu'il leur avoit demādées. Le Iuif leur dit que les riches habits dont l'Esclave estoit couverte n'entroient pas dans la somme qu'on luy donnoit, qu'ils valloient encore deux mille pistoles: plusieurs rangs de perles estoient meslées avec ses cheveux, dont une partie flottoit sur ses épaules, & l'autre tomboit à grosses boucles sur son front: les colliers d'or qu'elle avoit aux jambes & aux bras estoient semez de grosses perles, sa robbe estoit verte, & toute brodée d'or: enfin elle estoit vestuë si richement, que les Bachas creurent que le Iuif ne demandoit pas assez pour ses habits. Le Cadi pour ne pas paroistre moins liberal que les autres, voulut payer la somme, afin que la Chrestienne fût presentée au Grand Seigneur avec cette parure magnifique. Les deux Bachas trouverent le dessein du Cadi fort raisonnable, chacun d'eux croyant toûjours que cette Esclave tomberoit en son pouvoir.

Il est temps de decouvrir les sentimens qu'avoit Ricard

card, en voyant mettre à l'enchere une perſonne que ſon amour luy faiſoit paroiſtre n'avoir point de prix. Quelles cruelles penſées n'eût-il pas à lors, de quelles craintes terribles ſon cœur ne fut-il pas ſaiſi, conſiderant que la fortune ne luy avoit rendu celle qu'il aimoit le plus dans le monde, que pour la perdre entierement? Il ne pouvoit croire ce qu'il voyoit, & prenant pour un ſonge la preſence de Leoniſe, il ne pouvoit ſe perſuader d'avoir devant ſes yeux une perſonne qu'il avoit pleuré morte depuis ſi long-temps, Se tournant vers Mahamut, il luy demanda s'il connoiſſoit cette Eſclave, Mahamut luy répondit qu'il ne l'avoit jamais veuë. C'eſt Leoniſe elle meſme, luy dit Ricard, d'une voix touchante. Mahamut ſurpris de ces paroles, luy fit repeter ce qu'il avoit dit, & Ricard l'ayant encore aſſeuré que cette Eſclave eſtoit ſa chere Leoniſe. Tay toi, luy dit Mahamut, de peur que tes plaintes ne la faſſent connoiſtre; la fortune ne t'eſt pas ſi contraire que tu t'imagines, puiſqu'elle fait tomber cette fille entre les mains de mon Maiſtre. Ricard luy demanda s'il luy conſeilloit de ſe mettre en un lieu où elle le puſt découvrir. Non, luy dit Mahamut, de peur que vous ne fuſſiez l'un & l'autre ſurpris de vous voir, & que vous ne donnassies quelque marque que vous vous connoissez, ce qui nuiroit extremement à mon dessein. Ricard suivit son conseil, & detourna ses yeux de ceux de Leonise qu'elle avoit attaché à terre, & qui estoient tout baignez de larmes.

Le Cadi s'estant approché d'elle, & la prenant par la main, la donna à Mahamut, luy commandant de la mener à la ville, de la mettre entre les mains de Halima sa femme, & luy dire qu'elle la traitast comme une Esclave du Grand Seigneur : ce que Mahamut fit, laissant Ricard tout seul, qui conduisit des yeux Leonise, jusqu'à ce que les murailles de Nicosie l'empeschassent de la voir plus long-temps: ensuitte s'estant approché du Juif, il luy demanda en quel lieu, & de quelles gens il avoit eu cette Chrestienne. Le Iuif luy répondit qu'il l'avoit achetée à l'Isle de la Pantanalée de quelques Turcs qui y avoient fait naufrage. Comme il continüoit à luy dire cette avanture, les deux Bachas qui avoient la mesme curiosité, firent apeller le Juif pour la leur raconter à eux mesmes, ce qui l'obligea de quitter Ricard pour obéïr à ceux qui le demandoient.

Pendant le chemin, qui estoit depuis les Pavillons jusqu'à la ville, Mahamut, demanda à Leonise en langue Italienne, de quel pays elle estoit. Elle luy repondit que Trepane estoit le lieu de sa naissance. Connoissez vous dans cette ville là, continüa Mahamut, un Cavalier riche & qui est de bonne maison, nommé Ricard? Leonise entendant ce nom, répondit avec un grand soupir qu'elle le connoissoit. N'avez vous point aussi ouy parler, reprit-il, d'un jeune homme bien-fait, nommé Corneille, dont les parens sont extremement riches. Oüy, répondit Leonise, je connois encore ce Corneille, qui est la cause de tous mes malheurs; & sans luy donner le temps de la faire expliquer davantage, elle demanda à Mahamut qui il estoit, luy qui apparamment connoissoit les personnes dont il s'informoit. Ie suis de Palerme, luy dit Mahamut. Apres plusieurs malheurs que j'ay soufferts, je suis enfin tombé dans l'estat où vous me voyez. Ie connois les deux hommes dont je vous ay parlé, qui depuis peu de jours estoient tous deux en mon pouvoir. Quelques Mores de Tripoli de Barbarie ayant pris Corneille, le vendirent à un Turc, Marchand de Rhodes, qui le conduisit icy avec quantité de marchandises pretieuses qu'il luy confioit. Leonise luy répondit que ce Turc avoit raison de faire garder son bien à Corneille, par ce qu'il estoit fort soigneux de garder le sien. Mais dites moy, je vous prie, ajoûta Leonise, de quelle maniere, & avec quelles gens Ricard est il venu dans cette Isle. C'a esté, luy repondit Mahamut, avec un Corsaire, qui le prit dans un jardin proche de Trepane, sur le rivage de la mer. Il me dit aussi qu'une fille, dont il ne voulut jamais dire le nom, avoit eu le mesme malheur. Il fut icy quelques jours avec son Maistre, qui alloit à la ville de Medine visiter le Sepulchre de Mahomet; mais comme on fut prest à partir, Ricard tomba si malade que son Maistre se confiant à moy depuis fort long-temps, me pria d'en avoir soin jusqu'à son retour, & il me dit qu'en cas que ses affaires l'obligeassent d'aller à Constantinople par un autre chemin, il m'escriroit à son arrivée de le luy envoyer. Ie me chargeay volontiers de cet Esclave, parce que nous estions tous deux du mesme pays. Ie n'oubliay rien pour contribuer à sa guerison; mais le Ciel ne fut pas d'accord avec mes desirs, & sans aucun accident extraordinaire, Ricard mourut en peu de jours, ayant toûjours à la bouche le nom d'une Leonise, qu'il m'avoit enfin avoüé qu'il aimoit plus que sa vie. Il me dit que la tempeste s'estant élevée, la Ga-

L'Amant liberal. 81
lere où estoit cette Leonise, avoit échoüé vers l'Isle de la Pantanalée, & qu'elle avoit esté engloutie par les ondes. Le malheur de cette fille luy faisoit verser un torrent de larmes qui durerent jusqu'à sa mort.

Leonise le pria de luy dire si ce Corneille (qui sans doute avoit eu une longue conversation avec luy, estant tous deux du mesme pays) luy avoit aussi parlé de cette Leonise, & de la maniere qu'elle fut prise avec Ricard par les Corsaires. Oüy, répondit Mahamut, il m'en parla, & s'informa de moy si je n'avois point vû aborder icy une Chrestienne de ce nom: il m'en dit des marques pour m'en faire ressouvenir, en cas que je l'eusse veuë, il me témoigna qu'il seroit ravy de la trouver pour la racheter, & que pourveu que sa rançon ne passast pas quinze cens écus, il les donneroit volontiers, à cause qu'autrefois il avoit eu pour elle quelque sorte d'inclination ; il croyoit que le Maistre de Leonise se contenteroit peut-estre de cette somme, parce qu'ayant eu depuis long-temps cette fille en son pouvoir, il ne l'estimeroit pas tant qu'il avoit fait, sur tout devant estre persuadé qu'elle n'estoit pas si riche qu'on luy avoit dit, & qu'au contraire elle estoit née dans une mediocre fortune.

L'affection de Corneille pour Leonise, repondit-elle, n'estoit pas bien grande, puisqu'il s'estoit borné à une si petite somme pour luy rendre la liberté. Ricard estoit bien plus genereux, continüa-t-elle: Ie suis cette malheureuse fille, qui luy cause ses malheurs: je suis cette Leonise, dont la mort qu'il a creu certaine, luy a fait verser tant de larmes. Le Ciel, qui voit le fond de mon cœur, connoist les sentimens que j'aurois pour luy, s'il vivoit encore, & de quelle maniere je reconnoistrois la douleur extreme qu'il a euë de mes malheurs. Vous voyez cette fille, comme je vous ay desja dit, si indiferente à Corneille, & si tendrement aimée de Ricard, qui apres avoir passé par tant de perils differens, suis tombée dans cet estat malheureux. J'ay pourtant cette grace à rendre au Ciel, qu'il m'a conservée au milieu de tous ces dangers, sans me faire souffrir aucune indignité que celle de mon esclavage. Presentement je ne sçay ny où je suis, ny au pouvoir de qui je suis venuë : & je ne connois point non plus ce que ma destinée me prepare pour l'avenir ; dans cette incertitude j'ay recours à vous, & je vous prie par la Religion Chrestienne, de me conseiller dans mes maux : la longue experience que j'en ay faite, me devroit avoir appris de quelle maniere il les faut supporter ; mais à tout moment j'en souffre de si cruels & en si grand nombre, que je n'ay pas la force de prendre de moy-mesme la moindre resolution. Mahamut touché de ses paroles, luy promit ses conseils & son secours dans toutes les occasions. Il luy apprit le demeslé des deux Bachas sur son sujet, il luy dit qu'elle demeuroit au pouvoir du Cadi son Maistre, qui avoit dessein de la presenter au Grand Seigneur ; mais qu'avant que la chose arrivast, le Ciel disposeroit infailliblement d'elle, d'une autre maniere. Il luy conseilla cependant de se faire aimer de la femme du Cadi, avec laquelle elle devoit demeurer quelque tems. Il l'informa de son humeur, & du rang qu'elle tenoit à Nicosie, de quelques autres choses, dont la connoissance ne luy seroit pas inutile; & il la remit entre les mains de Halima, qui sçachant qui estoit cette Esclave, & la voyant si propre & si belle, la reçeut avec toute les marques d'estime & d'amitié, que Leonise pouvoit souhaiter.

Mahamut retournant d'abord aux Tentes, fit à Ricard un détail particulier de ce qui s'estoit passé entre Leonise & luy ; & quand il luy apprit la douleur qu'elle avoit témoigné de sa mort qu'elle croyoit asseurée, Ricard ne peût retenir ses larmes. Mahamut luy dit aussi l'histoire qu'il avoit inventée de la captivité de Corneille, pour découvrir les sentimens qu'elle avoit encore pour luy; mais luy apprenant la froideur & le dedain avec lequel elle avoit parlé de cet ingrat, Ricard en eut toute la consolation dont son cœur estoit capable. Il me souvient, dit-il à Mahamut, d'une chose que mon pere m'a autrefois racontée. Tu sçais que c'estoit un homme d'esprit, fort estimé de Charles-Quint, qui l'honnora de plusieurs Charges considerables dans ses Armées. Il me raconta que quand ce Prince assiegeoit

Tunis, qu'il prit ensuitte avec le fort de la Goulette, estant dans des Tentes qu'il avoit fait dresser devant cette Ville, on luy presenta une More d'une beauté singuliere, dans le temps que les rayons du Soleil entroient dans sa Tente & donnoient sur les cheveux de cette fille, qui estoient extremement blonds, contre l'ordinaire des femmes de ce Pays là. Mon pere me dit qu'entre les personnes qui se trouverent aupres de ce Prince, il y en eut deux, l'un Catelan & l'autre d'Andalousie, tous deux extremement galants, & qui faisoient quelques fois des Vers. Celuy qui estoit d'Andalousie, charmé de la beauté

beauté de cette More, en fit pour elle sur le champ; mais estant demeuré au cinquiéme vers, & ne pouvant aller plus avant, le Catelan qui estoit auprés de luy le tira de cet embarras, en achevant par des rimes semblables le dixain que l'autre avoit commencé. Je me suis souvenu de cette mesme Histoire, quand j'ay veu entrer ma chere Leonise dans le Pavillon du Bacha, dont l'éclat estoit surprenant. Ie te prie, répondit Mahamut, dis moy les vers de ces deux Espagnols, si tu peus t'en souvenir, & nous parlerons aprés de quelque autre chose plus utile, pour venir à bout de nos desseins. Ie le veux, reprit Ricard : je t'avertis seulement que les cinq premiers n'ont aucune liaison avec les autres, qui sont sur un sujet different.

Quel tresor precieux,
Quel miracle en ces lieux
L'Affrique nous envoye;
Mais s'il faut que l'on croye
A nos sages ayeux....

Le beau blond en Afrique est
  un monstre terrible,
Qu'on voit avec étonnement.
Ha que l'Afrique est insensible!
Et si ce que l'on voit paroistre en
  ce moment
Est un monstre à ses yeux, que
  ce monstre est charmant!

Mahamut les trouva bien

faits; mais il me semble, ajoûta-t'il, que pour les dire, il faut avoir le cœur moins agité que n'est le tien. Il est vray repondit Ricard, neantmoins on ne laisse pas d'exprimer dans des Vers la violence de sa douleur, aussi bien que des choses divertissantes ; Mais laissons ce discours, quelle voye prendras-tu pour faire reüssir nostre affaire ? Quand tu conduisois Leonise à la maison du Cadi, un Renegat Venitien qui est à mon Maistre, m'a appris ce que les deux Bachas ont dit dans leur Tente sur ce qui la regardoit.

La premiere chose à quoy nous devons penser, est de trouver le moyen qu'elle ne tombe point entre les mains du Grand Seigneur. Il faut auparavant faire ensorte, répondit Mahamut, que tu sois au Cadi mon Maistre. Alors nous prendrons des mesures plus justes pour faire reüssir nostre projet.

Leur conversation fut interrompuë par celuy qui avoit soin des Esclaves de Hazam, qui commanda à Ricard de le suivre. Le Cadi & le nouveau Bacha allerent ensemble à la ville, & donnerent peu de temps apres, à Ali, ses dépesches pour retourner à Constantinople. En partant il pria le Cadi d'envoyer au plustost la Chrestienne au Grand Seigneur, & de mettre dans la

Lettre qu'il écriroit à Sa Hautesse, quelque chose qui pust servir à son dessein. Le Cadi le luy promit dans la resolution de ne le pas faire, parce qu'il estoit éperduëment amoureux de Leonise. Ali partit plein d'esperance, & laissa Hazam, qui n'en avoit pas moins.

Mahamut qui vouloit avoir Ricard avec luy, en disant de bien au Cadi, qu'il le demanda au nouveau Bacha. Hazam ravi d'avoir occasion de l'obliger à cause de Leonise, le luy donna avec plaisir. Ricard estant venu au pouvoir du Cadi, avoit une si violente passion de voir Leonise qu'il n'estoit pas capable du moindre repos ; il changea son nom, & prit celuy de Mario, afin qu'il ne fust pas connu d'elle, avant que de la voir. La chose estoit tres-difficile, parce que les Mores estans extremement jaloux, ne veulent pas soufrir qu'aucun homme voye leurs femmes. Halima peu satisfaite de son vieux mari, voyant un jour Mario son nouvel Esclave, le regarda si long-temps & le trouva si bien fait qu'elle en devint amoureuse, & comme elle avoit du respect pour Leonise, qui estoit destinée au Grand Seigneur, & qu'elle aymoit tendrement, pour sa beauté & pour son humeur, elle luy confia son secret ; Elle luy dit que le Cadi son mari avoit un nouvel Esclave si galant & de si bonne mine, qu'elle n'avoit jamais vû homme qui luy plust si fort, il est Noble, ajoûta-t-elle, & du païs de Mahamut, & je ne sçais quel moyen trouver pour luy découvrir ma tendresse, sans que la connoissance de mon amour luy donne du mépris pour moy. Leonise luy demanda le nom de l'Esclave. Il s'appelle Mario, dit-elle. Leonise luy répondit que s'il estoit de Trepane, & qu'il fust de maison noble comme on l'en avoit asseurée, elle le connoitroit : mais que dans toute Trepane il n'y avoit personne de ce nom. Si neantmoins, ajoûta-t-elle, vous vouliez me le faire voir, je pourrois vous dire qui il est, & je tacherois de connoître ses pensées pour voir le fondement que vous pourriez faire sur son cœur. Je le feray, répondit Halima, Vendredy prochain que le Cadi mon mary sera à la Mosquée. Il viendra icy, je vous laisserai seule avec luy; & si vous trouvez lieu de luy parler de mon amour, vous le ferez le plus adroitement qu'il vous sera possible.

Peu de temps aprés le Cadi fit appeller Mahamut, & Mario, & leur découvrant l'excés d'amour qu'il avoit pour Leonise, leur demanda un moyen de satisfaire sa passion, sans perdre la faveur du Grand

Grand Seigneur, à qui il aimoit mieux mourir que de la rendre. C'estoit par ces mesmes paroles que le vieillard ouvroit son cœur à ses deux Esclaves, qui avoient touchant Leonise des pensées bien éloignées de ses desseins. Il fut resolu entr'eux, que Mario estant du païs de cette Chrestienne, quoy qu'il ne la connust pas, prendroit le soin de luy expliquer les sentimens du Cadi, & s'il ne la trouvoit pas disposée à consentir à sa volonté, que l'ayant en son pouvoir, il en viendroit à la derniere violence, sans craindre d'encourir la disgrace du Grand Seigneur, à qui on diroit qu'elle seroit morte de déplaisir. Le Cadi extremement satisfait du conseil que luy donnoient ses Esclaves, & déja trāsporté du plaisir qu'il auroit dans le bon-heur qu'il se proposoit, donna sur le champ la liberté à Mahamut, avec la moitié de tout le bien, qu'il laisseroit apres sa mort. Il promit aussi à Mario, que s'il venoit à bout de son dessein, il le renvoyeroit libre à son païs avec une somme considerable, qu'il luy feroit passer une vie commode. Ses Esclaves luy promirent de faire tout leur possible, pourveu que Mario pust trouver l'occasion de parler à Leonise. Le Cadi répondit qu'il la luy donneroit. J'envoyerai pour quelques jours, dit-il,

Halima ma femme chez ses parens, qui sont des Chrestiens Grecs: il y aura ordre à la porte de laisser entrer Mario dans la maison toutes les fois qu'il le souhaitera, & je diray à Leonise de s'entretenir avec luy, tant qu'elle voudra, comme avec un homme de son païs.

Ce fut alors que la fortune commença à devenir plus favorable à Ricard, que le Cadi employoit à une chose sans sçavoir ce qu'il faisoit. Leur resolution estant prise, le Cadi dit à Halima que quand il luy plairoit, elle pouvoit aller passer quelque temps chez son pere pour se divertir ; mais comme elle estoit remplie de l'esperance que

I ij

Leonise luy avoit donnée, elle n'auroit pas alors quitté sa maison pour tous les divertissemens imaginables. Elle luy respondit qu'elle n'en avoit aucune envie, mais que si elle y alloit, elle meneroit Leonise avec elle. Il faut bien s'en garder, dit le Cadi, une Esclave destinée au Grand Seigneur, ne doit pas estre veuë de personne, & comme elle doit estre enfermée dans le Serrail, & qu'elle doit suivre la Loy de Mahomet, il n'est pas à propos qu'elle converse avec des Chrestiens. Halima luy répondit que dans la maison de son pere il n'y avoit aucun danger pour Leonise, pourveu qu'elle ne la quitast pas, qu'elle ne laissoit pas d'estre bonne Mahometane, quoy qu'elle communiquast avec ses parens. Et de plus, ajoûta-t-elle, j'y seray peu de jours, & vous aimant au point que je fais, je ne pourrois me resoudre à estre long temps sans vous voir. Le Cadi n'osa pas luy repliquer, de peur de luy donner quelque soupçon de ses desseins.

Le Vendredy estant arrivé, le Cadi fut à la Mosquée, où il devoit estre long-temps à faire les ceremonies de sa Religion. A peine fut-il sorti de sa maison, que Halima fit chercher Mario, & commanda qu'on le laissast entrer. Mario vint tout interdit, Leonise avoit le mesme habit qu'elle portoit le jour qu'elle fut conduite dans la Tente des Bachas, elle estoit assise au pié d'vn grand escalier de marbre par où l'on montoit en une galerie. Sa teste estoit appuyée sur sa main droite, & son coude sur ses genoux, & elle avoit le dos tourné contre la porte par où Mario vint : ce qui fut cause qu'elle ne le vit pas entrer. Ricard jetta d'abord les yeux sur l'appartement où il estoit, & il n'y remarqua par tout qu'un silence profond. Enfin il apperceut Leonise : il sentit en ce moment beaucoup de tristesse, en voyant au pouvoir d'un autre la seule personne qui pouvoit faire tout son bon-heur: il eut neantmoins une grande joye de la voir, & s'aprochant doucement, le cœur saisi de crainte, tout tremblant, & avec le plaisir qu'on a d'estre auprés de ce que l'on aime. Leonise tourna tout d'un coup les yeux & vit Mario. Leur veuë produisit dans leur ame des sentimens bien differents. Ricard demeura immobile sans pouvoir avancer un seul pas, & Leonise qui le croyoit mort, suivant ce que luy avoit dit Mahamut, épouvantée de le voir, comme d'un fantôme, se retira quelques pas en arriere pour l'éviter: mais Ricard estant revenu à luy, & connoissant la cause de sa crainte; Je suis faché belle Leonise, luy dit-il, que la nouvelle que Mahamut vous a donnée de ma mort, ne soit pas veritable : je ne craindrois pas presentement que vous eussiez encore pour moy cette mesme rigueur que vous m'avez toûjours témoignée : ne fuyez pas, je vous prie, & si vous pouvez vous approcher de moy (ce que vous n'avez jamais fait) vous verrez que je ne suis pas un spectre, mais ce mesme Ricard, cet Amant fidele qui ne veut point d'autre bonheur que celuy que vous luy procurerez. Leonise se mettant le doigt sur la bouche, luy fit entendre par ce signe qu'il se tust, ou qu'il parlast plus bas. Ricard s'estant alors approché d'elle : Ne dites rien, luy dit Leonise, ne parlez d'autre chose que de ce que je vous diray. Peut-estre que Halima nous écoute, si elle a entendu vos paroles, ce sera ici la derniere fois que nous nous verrons. Elle vous aime, & m'a chargé de vous le dire. Si vous pouvez répondre à sa passion, elle ne vous sera pas inutile, & si vous ne sentez rien pour elle, faites-en au moins le semblant : l'on doit quelque apparence d'amour à une femme qui a esté la premiere à decouvrir ses sentimens. Je ferai tout ce qu'il vous plaira, repondit Ricard; & il n'y a rien d'impossible pour moy, quand il s'agit de vous contenter; mais croirez-vous qu'un cœur soit assez volage pour devenir sensible à toutes les passions qu'on luy veut donner? Ou est-il honneste à un homme de feindre pour une femme un amour qu'il n'a pas; Si vous croyez que ces considerations ne doivent pas m'arrester, je suivray vos conseils, & de peur que vous ne me reprochiez de vous avoir refusé la premiere chose que vous m'avez demandée, je vous obeïrai. Ie feindray de l'amour pour Halima, si c'est là le moyen de vous voir, & ainsi dites-luy de ma part toutes les choses qui peuvent la contenter. Ie vous demande seulement, en reconnoissance de ce que je fais pour vous, qui est la chose du monde la plus contraire à mes inclinations, & à la fidelité que je vous ay voüée, que vous me racontiez de quelle façon vous estes sortie des mains des Corsaires, pour venir en celle du Juif qui vous a venduë. Il me faudroit plus de temps que je n'en ay pour vous raconter l'Histoire de mes mal-heurs, reprit Leonise. Neanmoins pour vous satisfaire, je m'en va vous en dire quelque chose.

Un jour aprés que nous nous fusmes separez, la Galere d'Isuf où j'estois, poussée par un vent contraire retourna vers l'Isle de la Pantanalée où vous aviez esté emportez par la tempeste. Quelques esforts que fissent nos Esclaves pour conserver leur vie, nous ne pusmes éviter les écüeils. Huf voyant sa mort certaine, se hasta de vuider deux bariques pleines d'eau, & les ayant bien bouchées & attachées l'une avec l'autre, il me mit au milieu, & se jetta dans la mer à la nage, me tirant avec une corde qu'il avoit liée à ces bariques. Pendant tout ce temps-là, la peur extreme que j'avois, m'avoit fait perdre tout sentiment, & je ne revins un peu que quand je fus à terre entre les mains de deux Turcs qui me tenoient la teste baissée pour me faire rendre l'eau que j'avois beuë. Vous pouvez penser la surprise où j'estois, en me voyant en cét estat, & sur tout lorsque j'aperceus Isuf mort auprés de moy, qui comme on me dit, s'étoit brisé la teste contre des rochers qu'il avoit trouvez au rivage. De tous ceux qui estoient dans nôtre Galere il n'y en eut que huict, qui se peurent sauver. Nous fusmes quelques jours dans cette Isle, sans que les Turcs me manquassent jamais de respect. Et comme il y avoit là une Forteresse, qui appartenoit aux Chrestiens, les Corsaires avec qui j'estois, demeurerent toûjours cachez dans une caverne, de peur d'estre pris, ils ne vécurent pendant tout ce temps-là, que de biscuit moüillé, que la mer jettoit sur le bord avec le débris de leur Galere: encore sortoient-ils la nuit seulement, pour le ramasser. Le malheur voulut que le Capitaine de cette Citadelle étoit mort depuis peu de jours, & qu'il n'y avoit que vingt soldats Chrestiens: ce que les Turcs sceurent d'un jeune garçon, qu'ils prirent, le trouvant qu'il amassoit des coquilles sur le bord de la mer.

Aprés y avoir esté huit jours, les Turcs virent paroistre de loin une Galere de Mores qui s'approchoit de l'Isle où ils estoient: ils attendirent sur le rivage, & quand ils furent à la portée de la veüe, ils leur firent des signes par lesquels ils se firent connoistre,

& les prierent de venir à eux. Les Mores s'estant approchez & ayant appris des Corsaires avec qui j'estois, le malheur qui leur estoit arrivé, les receurent dans leur Galere. Ces Mores menoient un Marchand Juif, tres-riche, à qui appartenoit presque toute la marchandise qu'ils avoient, qui consistoit en de jeunes filles, & en d'autres choses qu'on a accoustumé de porter de Barbarie dans le Levant. Les Turcs furent conduits à Tripoli, je fus venduë par le chemin deux mille pistoles à ce Juif, qui estant devenu amoureux de moy, donna facilement cette somme, qui parut excessive à tout le monde, & aprés que les Mores les eurent mis sur leur bord, ils reprirent leur premiere route. Le Iuif qui m'avoit achetée, me témoigna son amour, mais ayant connu ce qu'il desiroit, je receus ses paroles avec le mépris que meritoient ses desseins. Il jugea bien par le traitement que je luy fis, qu'il n'en viendroit jamais à bout; ce qui le fit resoudre à me vendre à la premiere occasion, & sçachant que les deux Bachas Ali & Hazan se trouvoient en ce lieu, il me donna ce riche habit que vous me voyez, pour me faire paroistre plus belle, & pour les obliger par ce moyen à m'acheter plus facilement. I'ay sceu que le Cadi l'avoit fait pour me presenter

senter au Grand Seigneur, ce qui me donne beaucoup de chagrin. C'est icy que j'ay apris la nouvelle de vostre mort, & quoy que j'en eusse beaucoup de regret, je trouvois neantmoins vostre estat digne d'envie, non pas, que je fusse insensible à vôtre mal-heur, mais parce que je considerois que la mort avoit mis fin à vos peines.

J'avoüe, dit Ricard, que ma vie n'a esté jusqu'à cette heure qu'une longue suite de deplaisirs; cependant la joye que j'ay en ce moment de vous voir, adoucit toutes mes douleurs. Le Cadi mon Maistre, au pouvoir de qui je suis tombé par des évenemens aussi extraordinaires que les vostres, sent pour vous un amour aussi violent qu'est celuy que vous me témoignez de la part d'Halima. Il me choisit hier pour vous le dire. Ie fus ravi d'avoir cette commission, par ce qu'elle me donnoit le moyen de vous voir, & de vous parler. Considerez belle Leonise, l'estat où la fortune nous a reduits: Vous me priez d'avoir pour Halima, un amour que vous sçavez bien qu'il m'est impossibe de sentir; & je viens vous presser de repondre à la tendresse du Cadi, qui seroit la chose du monde la plus cruelle pour moy, & qui me feroit mourir de douleur. Je ne sçay que vous dire, reprit Leonise, ny quel moyen nous pouvons trouver pour sortir de cet estat malheureux. Ie croy qu'il est à propos de dissimuler en cette occasion. Ie diray de vostre part à Halima des choses qui pourront luy donner quelque esperance, & vous direz au Cadi ce que vous jugerez à propos pour l'amuser, afin qu'il ne me fasse aucune violence : Il nous sera aisé par ce moyen de nous voir, & j'en seray ravie, pourveu neantmoins, que vous ne me parliez pas sans cesse de l'amour que vous avez pour moy, & si vous manquez à ce que je vous demande, je trouveray assez d'obstacles pour m'empescher de vous voir : je serois faschée que vous creussiez que la captivité où je me trouve, m'eust reduite à entendre des discours qui en un estat libre me seroient entièrement desagreables. Contentez-vous de ce que je vous ay dit, que je ne seray pas pour vous comme je l'ay esté autrefois: Ie vous croyois plein de vanité, mais je vois bien que je me suis trompée, & j'espere que l'experience que j'auray de vostre conduite, me pourra desabuser de mes premiers sentimens, & me rendre pour vous plus douce & plus complaisante. Allez, je crains que Halima, qui entend quelques mots de nostre Langue, n'ait oüy une partie de ce que vous m'avez dit. Ie suis ravy, répondit Ricard, que vous vous soyez desabusée sur ce qui me touche. L'experience, comme vous m'avez dit, vous fera connoistre ce que je suis: & pour les discours que je vous tiendray, ils seront aussi respectueux que vous les pourrez souhaiter: Cependant ne vous inquietez point de l'amour du Cadi, je luy diray ce qui sera necessaire pour amuser sa passion, usez en de mesme pour moy envers Halima. J'ay conceu en vous voyant, une esperance de recouvrer bien-tost la liberté que nous avons perduë. Adieu, une autre fois je vous raconteray de qu'elle maniere la fortune m'a conduit en ce lieu. Apres ces dernieres paroles, ils se separerent ; Leonife fort contente du procedé de Ricard, & luy ravy d'avoir oüy de sa bouche des choses plus douces que celles qu'elle luy disoit autre fois.

Pendant que Leonise parloit à Ricard, Halima s'estoit retirée dans sa chambre, faisant des vœux pour son amour, afin que son nouvel Esclave fut touché pour elle de la mesme passion. Le Cadi estoit inquiet dans la Mosquée, & avoit une impatience extreme de sçavoir la reponse que Leonise avoit faite à Ricard.

Leonise dit à Halima que Mario estoit fort sensible à l'amour qu'elle sentoit pour luy, & qu'il feroit tout ce qu'elle souhaiteroit, qu'il la prioit seulement de laisser passer encore quelques jours, qu'il vouloit employer à demander au Ciel sa liberté. Halima receut cette excuse, neantmoins elle pria Leonise de luy dire qu'il abregast le temps, & qu'elle luy offroit des à cette heure tout l'argent qui luy seroit necessaire pour se racheter.

Avant que Ricard dist au Cadi son Maistre la disposition où estoit Leonise, il prit conseil de Mahamut. Apres avoir pensé tous deux à tout ce qui pourroit arriver, ils furent resolus de luy dire que Leonise avoit méprisé son amour, & qu'elle mourroit plustost que d'y répondre, mais que le moyen de se satisfaire, estoit de faire semblant de la mener au plustost luy-mesme à Constantinople, que pendant le chemin il pourroit avoir d'elle par violence, ce qu'elle luy avoit refusé : que pour ce qui estoit de la disgrace qu'il pourroit encourir du Grand Seigneur, il luy seroit facile de l'éviter, pourveu qu'il achetast une autre Esclave Chrestienne, qu'on jetteroit dans la mer, faisant courir le bruit que c'estoit Leonise qui estoit morte apres une maladie de quelques jours ; que par ce moyen la verité ne pouvant estre reconnuë, il viendroit à bout de son dessein, & que bien loin de se mettre mal aupres du Grand Seigneur, il luy

luy sçauroit gré d'avoir pris soin luy-mesme de luy conduire l'Esclave qu'on avoit achetée pour luy presenter.

Le Cadi estoit tellement aveuglé de sa passion, que quelque chose extraordinaire qu'on luy eust proposée, il l'auroit faite pour se contenter. Vous pouvez croire s'il fut ravy du moyen que luy donnerent Ricard & Mahamut, qui estoit facile, si ces deux Esclaves eussent eu le dessein de le faire réussir; au lieu qu'estant en chemin, ils devoient se saisir de la Galere, & jetter le Cadi dans la mer.

Il trouva une grande difficulté en la chose dont on luy parloit, qui estoit que Halima sa femme ne voudroit jamais souffrir qu'il fist sans elle le voyage de Constantinople. Mais comme l'amour trouve des expedians par tout, il pensa qu'au lieu d'acheter une Esclave Chrestienne pour la jetter dans la mer à la place de Leonise, il y pourroit jetter Halima qu'il haissoit, & qui estoit pour luy un fardeau tres-pesant.

Mahamut & Ricard approuverent sa pensée, & le mesme jour il proposa à sa femme le voyage qu'il devoit faire pour presenter Leonise au Grand Seigneur, de la liberalité duquel il attendoit en reconnoissance, ou d'estre Grand Cadi du Caire ou de Constantinople. Halima croyant qu'il laisseroit Ricard à Nicosie, loüa d'abord son dessein; mais lors qu'elle eut apris de luy mesme qu'il le menoit avec Mahamut, elle changea de sentimens, & luy dit qu'elle ne se resoudroit jamais à le voir partir, si elle ne l'accompagnoit. Le Cadi qui avoit desja preveu la reponse d'Halima, & qui avoit envie de s'en deffaire, luy accorda facilement sa demande.

Cependant Hazam ne se lassoit point de luy demander Leonise; il luy avoit donné Ricard par cette consideration, & il luy offroit tous les jours de nouveaux presents. Il avoit le mesme dessein du Cadi, qui estoit de dire comme luy, que Leonise estoit morte, en cas que le Grand

Seigneur l'envoyast querir; mais au lieu de se laisser toucher aux grands presens & aux promesses de Hazam, il résolut au contraire pour se delivrer de son importunité, de partir au pluſtoſt. Son amour le haſtoit, auſſi bien que Halima, qui repaiſſoit son eſprit de pluſieurs eſperances vaines. En vingt jours, il arma un Brigantin à quinze bancs, où il mit de bons Matelots, & quelques Chreſtiens Grecs à qui il se confioit. Il emporta tous ses treſors, & Halima toutes ses pierreries. L'intention d'Halima eſtoit la meſme que celle de Mahamut, qui eſtoit d'obliger Ricard à se ſaiſir du Brigantin, mais elle ne voulut pas la découvrir qu'elle ne fust embarquée : Elle se persuadoit qu'allant dans un Royaume Chrestien avec toutes les richesses qu'elle portoit, & se faisant elle mesme Chrestienne, comme elle l'avoit esté auparavant, Ricard ne refuseroit pas de l'épouser.

Avant que de partir, Ricard trouva le moyen de parler encore une fois à Leonise, pour luy declarer son dessein, elle lui dit aussi celuy d'Halima, qui les luy avoit confiez. Le jour de leur depart estant arrivé, Hazem les conduisit avec tous ses Soldats au port où ils s'embarquerent. Il ne les quitta point qu'ils ne fussent partis, & les regarda toûjours jusqu'à ce qu'il les eust perdu de veuë. La passion violente qu'il avoit pour Leonise, ne luy donnoit aucun moment de repos. Ayant appris depuis plusieurs jours que le Cadi la vouloit mener au Grand Seigneur, il fit armer secrettement en un Port voisin de Nicosie, un vaisseau, où il fit entrer cinquante Soldats tous afidez, qu'il avoit mis depuis long-temps dans ses interests. Il les envoya attaquer le Cadi, leur ordonna de piller toutes ses richesses, de passer au fil de l'épée tous ceux qui estoient dans le Brigantin, excepté Leonise seule qu'il se reservoit, & de le couler à fond, en telle maniere qu'il ne restast pas la moindre marque de sa perte. Tous ces Soldats partirent animez de l'esperance qu'ils avoient de faire un riche butin, dont ils estoient asseurez par le peu de resistance du Cadi, qui comme ils sçavoient, n'avoit pas avec luy assez de gens pour se deffendre.

Le Cadi ne fut pas plutost sur la mer, que pressé de la violente passion qu'il avoit pour Leonise, il ne songeoit à tout moment qu'à la contenter; mais Mahamut & Ricard luy conseillerent d'attendre encor quelques jours, pendant lesquels on pourroit dire que Leonise estant tombée malade, seroit morte, & que la chose estant vray-semblable, seroit facilement creüe de tout le monde, quelque apparent que fust le pretexte que luy donnoient ces Esclaves pour différer son dessein, il ne pouvoit s'y resoudre, il disoit au contraire, qu'il falloit faire courir le bruit que Leonise estoit morte subitement, & qu'il n'y avoit plus qu'à jetter Halima dans la mer; neantmoins Mahamut & Ricard adjoûterent tant de raisons à celles qu'ils luy avoient desja dites, qu'il fut obligé de suivre leurs sentimens. Le sixiéme jour, ne pouvant resister davantage à sa passion, il dit à ses Esclaves, qu'ils pouvoient se défaire d'Halima, & publier que c'estoit Leonise qui estoit morte.

Quand Mahamut & Ricard furent au jour que le Cadi souhaitoit avec tant de violence, & qui neantmoins luy devoit estre funeste; ils découvrirent de loin un Vaisseau qui les poursuivoit. Ils craignirent d'abord que ce ne fussent des Corsaires Chrétiens, qu'ils apprehendoient autant que des Corsaires de de Barbarie; par ce que les gens qui font ce mestier, de quelque Nation qu'ils soient, & quelque Religion qu'ils professent, ont toûjours l'ame cruelle: Neantmoins Mahamut & Ricard se consoloient, par la pensée que perdant toutes leurs richesses, ils auroient au moins la liberté, & celle de Leonise. Ils se mirent en deffence, sans quitter la rame, mais ils estoient si vivement poursuivis, qu'en deux heures ils furent à la portée du canon. Alors ils calerent les voiles, & prirent les armes. Le Cadi voyant que ce Vaisseau estoit Turc, & ne sçachant pas que Hazam l'envoyoit apres luy pour l'attaquer, dit à ses gens qu'il n'y avoit rien à craindre, & qu'il falloit seulement mettre à la poupe, l'Estandard de Paix.

En mesme temps, Mahamut tournant la teste du costé du couchant, apperceut une grande Galere. Il le dit d'abord au Cadi. Ceux qui estoient à la rame l'ayant consideréé, asseurerent que c'estoient des Chrestiens. Cette rencontre redoubla leur trouble, ils ne sçavoient ce qu'ils devoient craindre, ny ce qu'ils devoient esperer, & ils attendirent de la fortune ce qui leur devoit arriver. Quelque envie qu'eust le Cadi de satisfaire la passion qu'il avoit pour Leonise, il y auroit volontiers renoncé, pour estre en ce moment à Nicosie, tant il avoit l'ame rroublée.

Cependant le Vaisseau s'étant approché, les Soldats qui estoient dedans, sans avoir égard à l'Estendard de paix, & oubliant le respect qui estoit deu à leur Religion, attaquerent si vigoureusement le Brigantin du Cadi, qu'ils le penserent couler à fonds. Le Cadi voyant que ceux qui le traitoient de la sorte, estoient des Soldats de Nicosie, connut d'abord que Hazam, pour avoir Leonise, les avoit envoyez pour le tuër: ce qui luy seroit arrivé, & à tous ceux qui l'accompagnoient, si ces gens ne se fussent plutost appliquez à prendre leur richesses, qu'à leur oster la vie.

Dans le temps que chacun pilloit avec plus d'ardeur, un Turc cria à haute voix, qu'ils se tinssent sur leurs gardes, & qu'une Galere Chrestienne venoit pour les attaquer: ce qui sembloit vray, parce que cette Galere portoit des Banieres Chrestiennes. Quand ils furent pres d'eux, ils leur demanderent en langue Turque, à qui appartenoit ce Vaisseau. On leur repondit que c'estoit à Hazam Viceroy de Chipre. Quoy, repliqua un de la Galere, vous estes Musulmans, & vous avez si peu de respect pour vostre Religion, que d'attaquer vostre Cadi, que vous sçavez bien estre dans ce Brigantin? Nous ne nous soucions point, luy dirent-ils, si ce que nous faisons ici, est bien ou mal, il suffit que Hazam nous l'ordonne, & estant ses Soldats nous luy devons obeir. Le Capitaine de la Galere ayant appris ce qu'il vouloit sçavoir, quitta le Vaisseau de Hazam, & s'approchant du Brigantin du Cadi, il tua à la premiere attaque plus de dix Turcs de ceux qui y estoient; mais comme il y fut entré, le Cadi le reconnut, & vit que c'estoit Ali Bacha, amoureux de Leonise, & qui ayant le mesme dessein que Hazam, qui estoit d'enlever cette Esclave, l'avoit attendu en chemin, & avoit pris des Bannieres Chrestiennes pour le surprendre plus facilement.

Le Cadi connoissant les intentions de ces deux Amans, qui l'avoient trahi, commença à crier de toute sa force. Quoy traistre Hali Bacha! vous qui estes Turc, vous avez la hardiesse de prendre un habit Chrestien pour m'attaquer, & vous Soldats perfides de Hazam! quelle rage vous porte à commettre en ma personne un crime si horrible? Faut-il pour contenter la passion brutale de vostre maistre, vous eslever contre le Grand Seigneur.

Les Soldats de Ali & ceux de Hazam arrestez par ces paroles, mirent les armes bas, & s'estans regardez les uns les autres, ils se reconnurent pour avoir servy sous un mesme Chef. Le seul Hali Bacha méprisant les reproches du Cadi, recommença le combat, & luy donna un si grand coup de cimeterre sur la teste, que si son turban n'eust esté fait de plusieurs toiles entrelassées, il l'auroit infailliblement tué; mais la pesanteur du coup l'ayant étendu sur la place : O perfide renegat, s'écria-t'il, ennemy de nostre Prophete ! est-il possible que le Ciel ne chastie pas ta rage, maudit que tu es, comment as tu la hardiesse de frapper ton Cadi, & le Ministre de Mahomet.

Ces paroles du Cadi donnant une nouvelle force à celles qu'il avoit desja dites, fraperent les Soldats de Hazam, qui craignant que ceux de Hali n'emportassent le butin qui leur estoit asseuré, se resolurent de les attaquer. D'abord que le premier eut commancé le combat, les autres suivirent, & chargerent les gens de Hali si rudement & avec tant de courage, qu'en peu de temps ils les
reduisirent

reduisirent en un petit nombre : neantmoins ceux qui resterent, desirant de vanger la mort de leurs compagnons, donnerent avec tant de violence sur les Soldats de Hazam, qu'à peine en demeura-il quelques uns, qui estoient tous percez des coups qu'ils avoient receus.

Mahamut & Ricard qui attendoient la fin de ce combat, ou Hali Bacha fut tué, voyant que presque tous les Turcs estoient morts, & que ceux qui restoient estoient extremement blessez, appellerent le pere d'Halima, & ses deux cousins, qu'elle avoit amenez avec elle pour leurs aider à se saisir du Brigantin du Cadi, qui estoit le dessein qu'elle avoit eu en s'embarquant, & tenant le cimeterre à la main, en criant *liberté*, sauterent dans le Vaisseau de Hazam, où ils acheverent de tuer les Turcs qui estoient demeurez. Les Mariniers Grecs & Chrestiens les secoururent, & ensuitte passant dans la Galere de Hali, qui estoit restée sans defence, ils s'en saisirent, & prirent toutes les richesses qui y estoient.

Apres que ces choses furent faites, & qu'ils n'eurent plus d'ennemis à combattre, Ricard fut d'avis avec les autres, de transporter dans cette Galere tout ce qui estoit dans le Brigantin, & dans le Vaisseau de Hazam, parce qu'estant extremement grande, il la trouvoit plus propre à porter des fardeaux pesans, & à continuer leur voyage. Les Esclaves qui y ramoient, estoient Chrestiens, & estant contens de la liberté qu'on leur avoit promis, & des présens qu'on leur avoit faits, ils s'offrirent de les mener par tout où ils voudroient aller.

Ricard & Mahamut ravis d'un succez si heureux, dirent à Halima que si elle vouloit retourner à Chypre, qu'ils luy donneroient le Brigantin où elle estoit, & la moitié des richesses qu'elle avoit apportées; mais comme le malheur où elle estoit alors, ne luy avoit pas fait perdre l'amour qu'elle avoit pour Ricard, elle repondit qu'elle vouloit aller en une terre de Chrestiens, ce qui donna à son pere une consolation extreme.

Le Cadi, qui estoit presque gueri des blessures legeres qu'on luy avoit faites, eut aussi le mesme choix, ou de reprendre dans son Brigantin le chemin de Nicosie, ou de les suivre dans une terre Chrestienne. Il répondit que la fortune l'ayant reduit en l'estat malheureux où il estoit, il leur avoit de l'obligation de la liberté qu'ils luy donnoient, que son dessein estoit d'aller à Constantinople se plaindre au Grand Seigneur de la violence que Hali & Hazam luy avoient faite. Mais quand il vit que Halima sa femme l'abandonnoit pour se faire Chreſtiene, il penſa mourir de douleur. Enfin on luy prepara ſon Brigantin, de toutes les choſes neceſſaires pour ſon voyage: on luy laiſſa meſme l'argent qu'il avoit apporté, & ſe voyant ſur le point de partir, il ſupplia Leoniſe avec toute l'ardeur imaginable de l'embraſſer, que cette grace ſeroit capable de luy faire oublier ſon malheur. Tout le monde la pria d'accorder au Cadi la faveur qu'il luy demandoit, & Leoniſe l'embraſſa par complaiſance.

Quand toutes ces choſes furent achevées, & qu'ils eurent fait une ouverture à la Galere de Hazam pour la couler à fond, ils partirent à la faveur d'un vent frais, qui venoit de l'Orient. En peu de temps, ils perdirent de veuë le Cadi, qui tout couvert de pleurs, ne pouvoit se consoler de perdre ensemble sa femme & Leonise, qu'il aimoit plus passionnément qu'aucune chose du monde.

Ricard & Mahamut s'en allerent avec des pensées bien differentes de celles du Cadi. Ils passerent sans prendre terre à la veuë d'Alexandrie, de là à l'Isle de Corfou: ensuite au mont de la Chimere, & le second jour decouvrant de loin Paquin Promontoire de Sicile, ils s'arresterent à Malte: d'où estans partis, ils costoyerent Lampaduse & l'Isle de la Pantanalée, qui fit trembler Leonise par le souvenir qu'elle eut du naufrage qu'elle y avoit fait. Enfin le jour suivant, ils virent devant eux leur chere Patrie, apres laquelle ils soûpiroient depuis si long-temps. Ce fut alors que leur cœur se remplissant d'une joye extreme, ils ressentirent tout le plaisir que puvent avoir des malheureux, qui apres une longue & dure captivité, retournent libres dans leur pays.

Ricard ayant trouvé un coffre plein de Bannieres de soye, de diverses couleurs, en fit orner la Galere, & le lendemain à la pointe du jour, n'étant qu'à une lieu de Trepane, ils voguoient au gré du vent, poussant de temps en temps, des cris d'allegresses. Quand ils approcherent du Port, tout le peuple de la ville qui voyoit venir avec tant de vitesse, cette Galere si bien parée, accouroit pour la reconnoistre. Cependant Ricard voulant surprendre aggréablement les parens de Leonise, la pria de s'habiller de la mesme maniere qu'elle l'estoit le jour qu'elle entra dans la Tente des Bachas, pour leur estre presentée. Elle le fit, & se parant de toutes ses perles, & de ses habits magnifiques, sa beauté parut si grande, qu'elle charma tout le monde. Mahamut & Ricard s'habillerent à la Turque, & firent faire la mesme chose à tous ceux qui les accompagnoient.

compagnoient. En cet estat ils continüerent leur chemin du costé du Port, & ayant salüé la ville avec l'artillerie qui estoit dans leur Galere, on leur rendit le salut; & tout le peuple se pressa pour les voir arriver en un équipage si galant. Mais quand on vit leurs Turbans, les prenant pour des Turcs, on craignit quelque trahison, & prenant d'abord les armes, ils firent venir toute la Garnison de Trepane. Mahamut & Ricard, ravis de ces precautions, s'approchoient toûjours du Port, & y estant entrez à huit heures du matin par un temps extremement clair, ils descendirent à terre, & l'ayant baisée plusieurs fois avec des larmes de joye, ils firent connoistre par cette marque qu'ils estoient Chrestiens.

Apres que tout le monde fut sorti de la Galere, Leonise parut le visage couvert. Elle marchoit au milieu de Mahamut & de Ricard qui la soûtenoient, & avoit en son air quelque chose de si grand & de si majestueux, qu'elle s'attiroit les yeux de tout le peuple. Elle baisa la terre, comme les autres avoient fait, & le Gouverneur de la ville jugeant que c'estoient les trois principales personnes de la Galere, s'approcha d'eux, & reconnoissant Ricard, il courut à luy les bras ouverts, pour l'embrasser avec toute la joye

& la tendresse imaginable.

Le Gouverneur estoit accompagné des parens de Leonise, de ceux de Ricard & de Corneille, qui estoient les personnes les plus considerables de la ville. Ricard, apres avoir repondu à tous les discours obligeants qu'on luy avoit faits, se tournant du côté de Corneille, le prit par une main, & tenant Leonise de l'autre : Ie vous supplie, Messieurs, dit-il, avant que nous entrions dans la ville, & que nous allions rendre graces au Ciel de toutes les faveurs qu'il nous a faites pendant nostre captivité, d'escouter ce que j'ay à vous dire. Voyant que tout le monde y estoit disposé, & qu'on l'environnoit de tous costez pour l'entendre : Vous vous souvenez sans doute, Messieurs, reprit-il du malheur qui arriva il y a quelques mois, à Leonise & à moy, dans le jardin des Salines : Vous sçavez aussi ce que je voulus faire pour elle, & l'ordre que j'avois donné de vendre tout mon bien, s'il estoit necessaire pour la racheter. Ie ne pretends pas de faire passer cette action pour une liberalité ; je regardois plus en cette occasion, mes interests que ceux de Leonise, puisque l'aymant comme je faisois, je procurois plustost mon bonheur que le sien. Les malheurs qui depuis nous sont arrivez à tous deux, demandent plus de temps, & un esprit moins troublé que le mien pour vous estre racontez : il me suffit de vous dire qu'apres avoir souffert plusieurs maux, & avoir perdu l'esperance d'y trouver jamais aucun remede, le Ciel sensible à nostre misere, nous a reconduits dans nostre Patrie, pleins de joye & chargés des richesses de nos ennemis. Ce n'est pas que le plaisir extreme que je sens me vienne de ma liberté, ny des grands biens que la fortune me donne : non Messieurs, ce n'est que de voir Leonise libre & devant les yeux de Corneille, qu'elle a toûjours beaucoup aimé ; je croy qu'elle n'est pas faschée de le revoir encore ; & quoy que les malheurs changent souvent nos inclinations, je puis dire qu'en quelque estat qu'elle ait esté, m'ayant toûjours également témoigné de la froideur, elle a voulu luy conserver sa fidelité. Quelque chose que j'aye fait pour elle, je vous prie de l'oublier : Souvenez-vous seulement, Messieurs de cette derniere action, qui sera la plus glorieuse de ma vie. En finissant ces paroles, il tira doucement & avec respect le voile de Leonise, & découvrit son visage, dont l'éclat éblouït les yeux de tout le monde : O Corneille, poursuivit-il, Voilà le riche butin que je te livre, que tu dois estimer plus precieux que toutes les chofes de la terre: Voilà ta charmante Leonife, dont sans doute tu t'es toûjours souvenu; je consens à cette heure que tu me croyes liberal, puisque je te donne une chose que j'aime infiniment plus que ma vie, & qui vaut plus que tous les tresors imaginables. Reçois-là, ô heureux jeune homme; & si jamais tu peus connoistre le present que je te fais, estime-le au dessus de tous ceux que la fortune te pouvoit faire. Je te donne avec Leonife la part que j'ay aux richesses que nous aurons apportées du pays de nos ennemis, possede-les longues années, avec tout le plaisir que je te souhaite, pendant que moy malheureux, estant éloigné pour jamais de la seule personne qui pouvoit faire ma joye, je meneray une vie qui ne sçauroit estre que pleine d'amertume.

Les paroles de Ricard luy donnerent tant de douleur, qu'il ne put parler davantage, & il ressentit un déplaisir extreme de toutes les choses qu'il avoit dites.

Je ne sçay Ricard, luy repondit Leonise, ce que vous avez pensez de moy dans le temps que vous m'aimiez, & que je paroissois attachée à Corneille. Il est vray que j'ay eu pour luy de la complaisance; mais c'estoit plutost pour contenter mes parens qui me le proposoient comme devant estre mon mari, que pour suivre mon inclination. Ce que je vous dis ici est pour vous asseurer que j'ay toûjours esté maistresse de mon cœur, sur lequel il n'y a jamais eu que mon pere qui ait eu du pouvoir, & je le supplie presentement de m'en laisser la disposition.

Son pere luy dit qu'il se confioit si fort à sa prudence, & qu'il estoit tellement asseuré qu'elle ne fairoit rien que de raisonnable, qu'il luy accordoit la faveur qu'elle luy demandoit. Apres que Leonise eut obtenu la permission de faire un choix: Il est temps, dit-elle, que je decouvre mes sentimens devant tout le monde. Je serois faschée de passer pour une ingrate, & pour une fille insensible à toutes les graces qu'on luy à faites. C'est à vous Ricard, continua-t'elle, en luy jettant un regard plein de tendresse & de reconnoissances, que mon cœur si incertain jusqu'à cette heure, donne tout son amour; je suis entierement à vous, si vous ne me refusez la main que je vous demande, & si mon cœur que vous avez tant souhaité, vous peut faire oublier vos deplaisirs, vous aurez un bon-heur achevé.

Les paroles de Leonise donnerent une joye si grande à Ricard, qu'il fut tout hors de luy-mesme; il se jetta à ses genoux, & prenant une de ses belles mains, il la baisa plusieurs fois en la baignant de ses larmes. Corneille eut beaucoup de depit, voyant le choix de Leonise, duquel son pere fut extremement satisfait, & qui fut approuvé de tout le monde.

Ce fut alors que tout le peuple mena ces deux Amans dans le Temple, pour rendre graces au Ciel des faveurs qu'il leur avoit faites. Ils y furent mariez devant cette grande assemblée, & ce mariage fut celebré dans toute la ville par des cris d'allegresse, des feux de joye, & par d'autres divertissemens qui durerent plusieurs jours, & qui furent donnez par les parens de Leonise.

Mahamut & Halima se reconcilierent à l'Eglise, & Halima voyant l'impossibilité qu'il y avoit de songer à Ricard, épousa Mahamut. Elle donna à ses parens le bien qui leur estoit necessaire pour vivre commodément. Enfin chacun fut content: la reputation de Ricard passant les bornes de la Sicile, s'estendit dans toute l'Italie sous le nom de L'AMANT LIBERAL, & elle dure encore dans plusieurs enfans qu'il a eus de Leonise, dont la vertu rendra toûjours la memoire venerable à tout le monde.

RINCONET, ET CORTADILLE.

N jour d'Esté, deux jeunes garçons, âgez d'environ quinze ans, se rencontrerent par hazard en l'hostellerie de Monille, qui est dans la fameuse campagne d'Alcudie : ils avoient tous deux l'air assez bon, mais ils estoient dans un fort méchant

estat. Ils n'avoient ny bas ny manteau, leur calçon de toile estoit presque tout dechiré: leurs souliers qui estoient de corde, n'avoient point de semelles: l'un portoit un bonet verd de chasseur, l'autre un mauvais chapeau sans cordon, & percé en plusieurs endroits: il avoit une chemise couleur de chamois, qui n'avoit qu'une manche, & qui ne luy couvroit que la moitié des épaules, il marchoit sans besace, portant devant son estomach une maniere de paquet, qui estoit, comme on vit dans la suite, un collet à la Valone extremement gras, & tout défilé, où il avoit plié un jeu de cartes qui estoient faites en ovale, parce qu'à force d'en avoir joüé, les bouts en estoient usez. Ils estoient tous deux brûlez du Soleil, mal propres, & degoûtans: l'un portoit la moitié d'une épée, & l'autre un méchant poignard à garde jaune. S'estant assis au devant de la porte de l'hostellerie, le plus âgé demanda à l'autre d'où il estoit, & en quel lieu il vouloit aller. Je ne sçay, luy répondit le plus jeune, ni le nom de mon païs, ni l'endroit où je vas. Cependant, répliqua le premier, vous ne venez pas de l'autre monde à ce que je crois, & apparamment ce n'est pas ici où vous voulez demeurer. Je vous asseure, reprit le plus jeune, que je ne sçay d'où je suis, le mauvais traitement que mon pere m'a fait, & la haine d'une belle-mere, qui m'a toûjours persecuté, m'ont fait oublier le nom de ma patrie: Ie ne sçay non plus où je vas, je m'abandonne à la fortune toûjours prest de m'arrester par tout où je trouveray le moyen de passer cette malheureuse vie, avec le moins de peine qu'il me sera possible. Sçavez-vous faire quelque chose, luy dit le plus âgé. Ie cours comme un liévre, luy repondit l'autre, je saute comme un daim, & je suis fort adroit à couper avec des cizeaux ce que je veux. Ces choses là sont fort bonnes, luy repartit le premier, & je ne ne doute pas que si vous vous en servez à propos, elles ne vous soient bien profitables. Mon pere est Tailleur, repliqua le plus jeune, il m'a appris à couper des habits, & sans me vanter, je m'en acquitte si bien, que je serois maistre presentement, si la fortune m'avoit esté moins contraire. Il est vray, repondit l'autre, que les gens de bien sont toûjours les plus malheureux, & j'ay oüy dire plusieurs fois que ceux qui estoient les plus habiles en leur mestier, n'estoient presques jamais employez. Neanmoins comme vous estes encore fort jeune, vous pouvez trouver des occasions favorables pour vous avancer. Si je ne me trompe, continua-t'il en le regardant attentivement, vous avez encore quelques autres bonnes qualitez secretes que vous ne voulez pas me dire. Il est vray, luy repartit le plus jeune, qu'il y a en moy des choses que vous ne connoissez pas. Ie vous prie, continua l'autre, de ne pas me cacher vos sentimens, outre la discretion que j'ay & dont je vous asseure, pour vous donner lieu de me les découvrir, je m'en vas vous confier tous mes secrets: Ie crois que ce n'est pas sans dessein que le hazard nous a fait tous deux rencontrer ici, & asseurement que dés ce jour nous devons lier une amitié qui durera autant que nostre vie.

Je suis né à Fonfroide, c'est un lieu situé sur un grand chemin, & qui est fort connu pour la grande quantité de Voyageurs qui y passent. Je m'appelle Pierre de Rincon, mon pere est homme de qualité, son occupation est de faire des Bulles. L'accompagnant une fois dans le lieu où il alloit écrire, j'appris si bien son mestier, que personne ne pouvoit m'égaler.

Un jour voyant une somme assez considerable qui venoit de ces Bulles, je la pris adroitement, & je me sauvay à Madrit, où ayant trouvé plusieurs occasions de me divertir, je depensay en peu de temps tout cet argent. Celuy qui en devoit repondre, m'ayant poursuivy, me fit arrester. Comme je n'avois aucun ami qui me protegeast, ma jeunesse obligea les Iuges de me condamner seulement à quelques coups qui me furent donnez publiquement, & à porter sur mes epaules la marque du Prince : On me bannit aussi pour quelques années. Ce traitement me dépleut, & pour ne plus voir les personnes qui m'avoient fait cet afront, je sortis au pluftost de la ville, sans avoir loisir de faire mon équipage: neantmoins je portay les choses qui m'estoient le plus necessaires ; entr'autres je n'oubliay pas d'enveloper dans ce linge celles que vous allez voir. Alors Rincon depliant son collet à la Valone, en tira les Cartes dont il a esté parlé. Depuis que je suis sorti de Madrit jusqu'à cette heure, continua-t'il, je n'ay point eu d'autre mestier pour gagner ma vie dans les hostelleries où j'ay passé, que de joüer au berlan avec ces mesmes cartes que vous voyez: Quoy qu'elles soient fort vilaines & dechirées en plusieurs endroits, neantmoins quand on a le secret de s'en servir adroitement, on prend le jeu qu'on veut, & on gagne tout l'argent qu'on y avoit mis. J'ay aussi appris d'un Cuisinier qui estoit à un Ambassadeur, certaines petites finesses pour joüer au Lansquenet, & à la Prime; je les entends si bien, que je suis aussi habile à ces jeux là, que vous l'estes à couper des habits, & je vous asseure qu'avec une semblable science, on ne meurt jamais de faim: quand on arrive en quelque lieu, on trouve toûjours occasion de joüer, & nous pouvons presentement tous deux en faire l'experience; faisons semblant de nous divertir, les Muletiers que vous voyez ne manqueront pas de nous approcher, asseurément que l'envie les prendra de joüer avec nous, & vous verrez que nous gagnerons leur argent. Ie feray ce qu'il vous plaira, repondit le plus jeune, & je vous suis obligé de la confidence que vous m'avez faite de vos secrets, & je ne crois pas devoir estre plus long-temps sans vous découvrir les miens.

Ie suis de ce bourg miserable, situé entre Medine & Salamanque: mon pere est Tailleur, comme je vous ay dit: j'appris son mestier en peu de temps; mais m'ennuyant de couper des habits, je me resolus de sortir de la maison de mon pere, où j'estois fort maltraité, & d'aller à Tolede couper des bourses: I'y reussissois si bien, qu'il n'y avoit avoit poche si difficile dont je ne vinsse à bout. I'ay fait ce mestier à Tolede pendant quatre mois sans avoir esté surpris; mais depuis huit jours, ayant esté decouvert par un espion. J'appris que le Gouverneur qui estoit adverti de mon addresse, avoit envie de me voir : comme je ne suis pas d'une condition assez relevée pour faire amitié avec un homme de sa qualité, je n'ay pas creu qu'il fust à propos de luy rendre visite, & je suis sorti de la ville avec beaucoup d'empressement, pour éviter de faire une telle connoissance. Laissons ces discours, dit Rincon, toutes nos grandeurs nous sont inutiles : advoüons franchement, puisque nous nous connoissons, que nous n'avons pas un double. Il est vray, repondit Diegue Cortade (c'est ainsi que s'appelloit le plus jeune) & s'estant levez tous deux pour s'embrasser

brasser & pour se jurer une éternelle amitié, ils commencerent à joüer au Berlan: en deux coups Cortade sceut toute la finesse de Rincon. Comme ils estoient assis à l'ombre de quelques arbres qui estoient devant la porte de l'hostellerie, un Muletier sortit de la maison pour prendre le frais, & voyant ces deux garçons qui se divertissoient, il se mit à joüer avec eux: en moins d'une heure il perdit douze reales & quelques maravedis. Le Muletier qui avoit un chagrin extreme de la perte qu'il avoit faite, se persuadant que ces deux garçons estant encores jeunes, il leur osteroit facilement l'argent qu'ils luy aavoient gagné, voulut leur faire quelque violence; mais l'un mettant sa moitié d'epée à la main, & l'autre tirant son poignard, le repousserent si vigoureusement, que sans le secours de quelques personnes qui les separerent, ils luy auroient fait un mauvais parti. Dans ce temps là il passa des gens à cheval, qui alloient loger en l'hostellerie d'Alcalde: voyant que ces jeunes garçons & le Muletier se disoient encore des injures, ils tacherent de les appaiser, & dirent à ces deux compagnons que s'ils avoient envie d'aller à Seville, ils pouvoient les suivre. Rincon bien aise d'avoir trouvé une semblable occasion, accepte l'offre, Cortade ne le quitta point, ils rendoient à ces gens qui les menoient, tous les services possibles. Cependant le Muletier estoit dans un grand deplaisir d'avoir perdu son argent, & quand l'Hostesse qui avoit entendu tout le discours de ces deux fourbes sans en estre apperceuë, luy dit que les cartes dont ils avoient joué, estoient fausses: Il se desesperoit, & avoit une confusion extreme de s'estre laissé tromper, luy qui estoit un homme fait, à de jeunes garçons: Il estoit dans le dessein de les poursuivre, pour se faire rendre ce qu'il avoit perdu, mais ses amis luy conseillerent de n'en rien faire, pour ne pas publier sa sottise, &

ils luy dirent tant d'autres raisons, qu'il fut obligé malgré luy, à suivre leur conseil.

Rincon & Cortade avoient un si grand soin de servir ceux qu'ils regardoient en quelque façon comme leurs Maistres, qu'ils ne depenserent rien par le chemin; & quelque occasion qu'ils trouvassent pour ouvrir les valises qu'ils portoient, ils ne voulurent pas le faire, de peur d'estre surpris, & de perdre la commodité d'aller à Seville, où ils avoient beaucoup d'envie de se voir. Neantmoins en entrant sur le soir dans la ville par la porte de la Doüane, où l'on paye un Droit, Cortade ne put s'empescher de couper la male d'un François qui estoit de leur compagnie. Il en tira quelques belles chemises, une montre & du papier: Ces choses ne luy donnerent pas beaucoup de joye, & il creut que puisque ce François avoit tant de soin de sa male, il l'avoit sans doute remplie d'autres choses plus precieuses que celles qu'il voyoit. Dans cette pensée il fut sur le point de luy faire encore une autre ouverture avec sa dague ; mais il n'osa pas, croyant qu'il ne pourroit venir à bout de son dessein. Avant que ces gens fussent arrivez en une Hostellerie de Seville, ces deux fourbes avoient disparu, & quelques jours apres, ils vendirent les chemises qu'ils avoient dérobées. Ils se promenerent dans tous les plus beaux endroits de la ville, & comme c'estoit le temps de la navigation, ils virent charger six Galeres qui devoient partir. La veuë de ces Galeres leur donna du chagrin, se persuadans qu'ils ne pouvoient pas manquer d'y estre un jour conduits en punition de leurs crimes.

Voyants dans la ville plusieurs jeunes garçons qui portoient des paniers, ils s'informerent d'un qui estoit d'Asturie, quelle sorte de mestier estoit celuy qu'il faisoit, s'il y avoit bien de la peine, & si l'on y gagnoit beaucoup. L'Asturien leur répondit que la peine estoit mediocre, & que le gain qu'on y faisoit, alloit souvent à cinq ou six reales par jour avec lesquelles on pouvoit vivre à son aise, & mãger à toute heure, sans estre sujet à un maistre qui ne donnoit aucune liberté. La reponce de l'Asturien ne déplut pas à ces deux compagnons, le mestier ne leur paroissoit pas non plus fort incommode, sur tout faisant reflexion qu'il leur donnoit un moyen aisé d'exercer le leur, en entrant dans les maisons de plusieurs personnes. Ils resolurent d'abord d'acheter toutes les choses qui leur estoient necessaires, priant l'Asturien de les mener au lieu où on les vendoit. L'Asturien leur fit achepter un sacq, & trois paniers, l'un pour la viande, l'autre pour le poisson, le troisiéme pour le fruit, & le sacq servoit à porter le pain: Ils aprirent aussi les lieux où ils devoient se trouver. Ayant bien retenu cette leçon, ils se rendirent le lendemain matin à la Place de Saint Sauveur: A peine y furent-ils arrivez que les autres garçons du mesme mestier les environnerent, & leur firent plusieurs questions, ausquelles ils repondirent fort à propos.

Un Escolier & un Soldat allans dans cette place, virent la propreté des paniers de ces deux garçons: l'Escolier appella Cortade, & le Soldat Rincon. Benit soit le Ciel, dit Rincon, pour bien commencer il faut, s'il vous plaist, que vous m'estrenniez. Les estrennes que tu auras, luy repondit le Soldat, ne seront pas petites. I'ay gagné au jeu une somme assez considerable, & de plus je suis amoureux, & je traite aujourd'huy quelques amies de ma Maistresse. Chargez-moy tant qu'il vous plaira, reprit Rincon, je suis assez fort pour porter quelque fardeau que ce soit; & si vostre Cuisinier a besoin d'un garçon pour luy aider, je m'offre à faire tout ce qu'il souhaitera. Le discours de Rincon plut au Soldat, qui luy dit que s'il vouloit quitter son mestier, il le prendroit pour le servir. Comme c'est ici le premier jour que je le fais, luy repliqua Rincon, je ne veux pas si toſt l'abandonner, il faut auparavant que je voye le bien & le mal qu'on y peut faire ; mais en cas que je m'en degoûte, je vous donne parole de vous ſervir avec plus d'attachement que je n'en aurois pour le plus vermeil Chanoine de l'Andalouſie. Ces derniéres paroles firent rire le Soldat ; il le chargea, & l'ayant mené chez ſa Maiſtreſſe, il luy fit remarquer la porte de ſa maiſon, afin qu'une autre fois quand il l'y envoyeroit, il ne fuſt pas neceſſaire de l'y conduire. Rincon luy promit d'eſtre fidelle, & ayant eu ſon payement, il courut viſte à la place, pour ne pas perdre les occaſions de travailler. Cortade y estoit desja arrivé, & luy ayant demandé s'il avoit beaucoup gagné, Rincon luy montra les six blancs que le Soldat luy avoit donnez: Cortade tirant de son sein une bourse un peu gastée, qui avoit esté fort belle autrefois: Voila, luy dit-il, ce que je tiens de l'Ecolier, avec quelques liards que j'ay dans ma poche, je suis d'avis que tu prennes cette bourse, pour éviter les accidens qui me pourroient arriver. A peine l'eut-il remise entre les mains de Rincon, que l'Escolier suant à grosses goutes, vint en courant demander à Cortade s'il n'avoit point vû une bourse d'une telle couleur, où il y avoit quinze escus d'or, le priant de luy advoüer franchement s'il ne la luy avoit point derobée dans le temps qu'il achetoit ses provisions. Cortade sans se troubler luy répondit d'un sang froid, que cette bourse ne devoit pas estre perduë, si ce n'est qu'elle feust tõbée en quelques mauvaises mains. Il ne faut pas douter, répondit l'Escolier tout hors de luy-mesme, qu'elle ne soit en de mauvaises mains, puisqu'on me la derobée. J'en suis d'accord avec vous, repliqua Cortade, neantmoins je vous conseille de prendre patience ; c'est une vertu de grand usage, tous les jours de nostre vie ne se ressemblent pas, l'on donne & l'on prend; peut-estre que celuy qui a dérobé vostre bourse, poussé de repentir, vous la rendra quelque jour toute parfumée. Et qui diable se soucie du parfum, repondit l'Escolier. Ma foy, reprit Cortade, je ne voudrois point avoir pris vostre bourse, car s'il se rencontroit que vous fussiez Prestre, j'aurois fait un grand sacrilege. Et doutez-vous, répliqua l'Escolier, que pour n'estre pas Prestre, le voleur de ma bourse en soit moins excommunié? La somme que j'y avois mise estoit une partie du revenu d'une Chapelle qui est à un Prestre de mes amis, il m'avoit prié de le retirer pour luy: vous jugez bien que cet argent estoit sacré, & qu'on ne peut l'avoir pris, sans avoir encouru l'excommunication. L'ait qui voudra, reprit Cortade, pour moy je ne voudrois pas la tenir : je m'estonne qu'il y ait des gens au monde si méchants pour voler un Prestre ; le Ciel découvrira tout quelque jour, & on verra bien alors qui est celuy qui a esté si hardi que de voler impunément le revenu d'une Chapelle. Ie vous prie, Monsieur le Sacristain, continua Cortade, dites moy à quoy peut monter par an, le revenu de cette Chapelle ? Vous moquez-vous de moy, repartit le Sacristain tout en colere, suis-je icy pour vous dire ce que vaut cette Chapelle ? Dites-moy franchement vous-mesme, si vous sçavez ce qu'est devenuë ma bourse, autrement Dieu vous benisse, je la feray crier à son de trompe. J'approuve le moyen, repondit Cortade, mais s'il vous plaist que je vous donne un avis : N'oubliez pas à dire toutes les marques de la bourse, & à specifier tout l'argent qui y estoit jusqu'à un double: si vous y manquez, je vous donne parole que vous ne la trouverez de vostre vie. Ne vous mettez pas en peine, reprit le Sacristain, je diray jusqu'à un denier, je me souviens mieux de tout ce qui estoit dedans, que de dire mon Breviaire : En finissant ce discours, il tira de sa poche un mouchoir à dentelle pour s'essuyer le visage; d'abord

que Cortade eut vû ce mouchoir, il le conta pour sien. Le Sacristain s'en alla, Cortade le suivit, & l'ayant joint sur les degrez d'une Eglise, il le tira à part : il s'informa en homme interessé, de quelle couleur estoit sa bourse, en quel endroit il l'avoit perduë, il le pria de luy dire la verité, qu'il sçavoit des moyens & des adresses pour la recouvrer, il luy en dit mesme quelques unes : enfin il luy donna de si belles esperances de recouvrer le vol, qu'il estoit ravi de l'entendre. Cortade voulant entretenir la conversation jusques à ce qu'il eust fait son coup, parloit obscurément au Sacristain, pour l'obliger de luy faire expliquer
deux

deux ou trois fois ce qu'il vouloit dire. Ils se regardoient tous deux fixement, & le Sacristain luy parut si fort attaché à ses paroles, qu'il prit alors le temps de luy tirer adroitement son mouchoir; apres quoy il s'en alla, le priant de revenir sur le soir au mesme endroit où ils estoient, parce qu'il avoit quelque soupçon sur un fripon de sa connoissance, qui estoit pres de luy quand il avoit acheté ses provisions, & qu'il pourroit bien avoir fait le coup: il luy promit de s'en informer, & de luy en rendre un fidel compte. Le Sacristain s'en alla un peu consolé, esperant de trouver sa bourse. Cortade s'approcha de Rincon, qui

II. Part.

n'estoit pas éloigné, & qui avoit vû le vol qu'avoit fait son Camarade.

Vn autre jeune garçon qui s'estoit aussi apperceu de l'adresse de Cortade, & qui luy vit donner le mouchoir à Rincon, les alla joindre tous deux. Amis, leur dit-il, parlez-moy franchement : Estes-vous du mestier ? Nous ne sçavons ce que vous voulez dire, repondirent-ils. Quoy vous ne m'entendez pas ? repliqua l'autre : Estes-vous de Murcie ? Nous ne sommes, dirent-ils, ny de Thebes ny de Murcie, & si vous n'avez autre chose à nous demander, Dieu vous conduise. Vous avez la teste bien dure, repartit le jeune garçon, est-il possible que vous ne compreniez rien en mes paroles? Estes-vous Larrons? je le suis aussi, & je m'estonne que vous fassiez ce mestier sans avoir vû auparavant le Seigneur Monipodio? Il faut se faire écrire sur son Registre. Quoy, dit Rincon, paye-t'on icy un droit pour avoir la permission de voler? Ie ne dis pas, repartit le jeune garçon, qu'on paye aucun droit; mais il faut que Monipodio vous voye, & vous mette au nombre de ceux qui font le mestier; c'est un fort honneste homme, homme de bon conseil, & si vous m'en croyez, vous viendrez le saluer: Ie m'offre de vous conduire chez luy, autrement si vous pratiquez vostre adresse sans son adveu, il vous en coûtera bon. Ie m'estois toûjours persuadé, repondit Rincon, qu'il estoit libre de voler, & qu'il n'y avoit que le col ou les espaules qui fussent en danger de payer le droit; mais puisqu'en cette ville on en use d'une autre maniere, suivons la coustume, nous vous serons obligé de nous preseter au Seigneur Monipodio: Suivant ce que j'en ay oüy dire, c'est un Cavalier accompli, & l'homme du monde le plus genereux & le plus habile en son mestier. Comment habile! reprit le jeune garçon, il l'est à un tel point, & les conseils qu'il donne, sont si utiles à ceux qui les prennent, que depuis quatre ans qu'il a pris le soin de nous conduire, il n'y en a eu que quatre qui ayent passé le pas : Il est vray qu'il s'en est trouvé trente qui ont eu sur les épaules les Armes d'Espagne, & environ une soixantaine qu'on a envoyé travailler sur les Galeres. Ma foy, cher amy, repondit Rincon, je n'entends rien en ce que vous dites. Marchós, reprit le jeune garçon, je m'expliqueray plus clairement par le chemin, il faut que vous vous souveniez de toutes mes paroles, qui vous feront plus utiles que le pain que vous mangez. Ce jeune garçon leur apprit tous les mots du mestier, qui composent un langage que les Fifoux entr'eux appellent, Alemant. Rincon l'ayant remercié des lumieres qu'il luy avoit données, luy demanda franchement, s'il eſtoit Voleur. Je le ſuis, repondit ce garçon, par la grace de Dieu, & pour le ſervice des bonnes gens, neantmoins je ne fais que commencer, & on m'a donné eſperance d'eſtre quelque jour habile homme. C'eſt une choſe fort nouvelle pour moy, repondit Cortade, qu'il y ait des Voleurs pour ſervir Dieu. Je n'entre point dans les myſteres de la Theologie, repondit ce garçon : ce qui eſt de certain, eſt que chaqu'un peut ſervir Dieu dans ſa profeſſion, & ſur tout en pratiquant les conſeils que Monipodio nous donne. Il faut aſseurement, dit Cortade, que ces conseils soient bien saints, puisque les Voleurs honorent Dieu par leur mestier. Il n'y a que luy au monde, répondit le garçon, qui en puisse donner d'aussi bons. Il veut que de tout ce que nous derobons, nous donnions par aumosne quelque petite chose pour la lampe d'une Image qui est en grande veneration dans cette ville. Cette Image fait des choses miraculeuses: Ces jours passez un de nous ayant volé quelques moutons, fut pris; & quoy qu'il fust extremement abatu d'une fiévre, il ne laissa pas de souffrir la question sans rien dire. A qui peut-on attribuer la force qu'il eut, qu'à la devo-

tion qu'il avoit à cette Image? car autrement il n'auroit jamais pû resister. Il y a encore une autre devotion que nous pratiquons avec exactitude, qui est le Rosaire : nous le partageons pour toute la semaine, & mesme il y en a parmi nous qui ne volent pas le Vendredy, & qui pour tous les biens du monde ne voudroient pas prendre un double le Samedy à une femme, si on sçavoit qu'elle eust le nom de Marie. Il n'y a rien de si pieux que tout ce que vous me dites, reprit Cortade; mais encor vn mot, je vous prie : Ne doit-on faire autre restitution, ny autre penitence que celle dont vous m'avez parlé, pour les choses
qu'on

qu'on a volées? Pour la restitution, repliqua le jeune garçon, elle nous est impossible: Nous divisons nostre vol en plusieurs parties, & chacun de nos Officiers a la sienne; apres cela le moyen de restituër: je défie le plus riche Voleur de le faire: Il est vray que nous avons l'avantage que personne ne nous y contraint: nous ne nous confessons jamais ; & si l'on publie quelque excommunication contre ceux qui ne vont point au Sacrement, la connoissance n'en vient pas jusqu'à nous, nous ne sommes jamais à l'Eglise quand on la lit, si ce n'est les jours de quelques Festes solemnelles, à cause des bourses qu'on peut couper dans la foule du peuple qui s'y rencontre. Et appellez-vous cette vie sainte, dit Cortade. Qu'y trouvez-vous de méchant, reprit le garçon, ne vaut-il pas mieux vivre avec un peu d'adresse, que de se faire Turc, ou de tuër son pere. Tout cela ne vaut pas grande chose, repliqua Cortade; mais puisque nostre destinée nous a mis dans cette profession, hastons le pas je vous prie, pour voir le Seigneur Monipodio, dont on m'a dit tant de belles choses. Vous serez bien-tost satisfait, repondit le garçon, je vois sa maison : Attendez moy à la porte, & je verray s'il est occupé; car c'est ici l'heure qu'il donne audiance. Le garçon s'avança & laiſſant à quelques pas de luy Cortade & Rincon, il entra chez Monipodio, d'où il ſortit un moment apres pour les faire approcher tous deux. Il les fit entrer dans une court pavée de carreaux de brique ſi luiſans, qu'on les auroit pris pour du marbre : D'un coſté on voyoit un banc de trois pieds de long, & de l'autre une cruche caſſée par le haut, & au deſſus eſtoit un pot à demi rompu, qui ne valoit pas mieux. Il y avoit encore dans cette court une natte de jong & une méchante caiſſe d'Orangers. Rincon & Cortade en attendant que Monipodio deſcendiſt, conſideroient toutes ces choſes, & Rincon voyant une petite sale basse qui estoit ouverte, y entra : Il y vit deux méchantes épées toutes roüillées, deux boucliers de liege attachez au plancher, un grand coffre sans dessus, & trois nattes toutes percées étenduës à terre. Il y avoit contre la muraille une Image de la Vierge tres-mal peinte : au bas de cette Image on avoit mis une petite boëte, & on trouvoit une maniere d'escuelle enchassée dans la muraille; ce qui fit juger à Rincon que cette écuelle servoit pour y mettre de l'eau benite, & cette boëte pour recevoir l'aumosne.

Peu de temps apres il entra dans cette maison deux jeunes hommes qui paroissoient à leur habit estre des Ecoliers, qui furent suivis de deux porteurs de paniers, & d'un aveugle : Ils se promenoient tous dans la court sans rien dire. Ils apperceurent un moment apres, trois vieillards avec des lunettes, qui les rendoient venerables, tenans en leurs mains des grands chapelets : Ensuitte il vint une vieille toute ridée, avec un rosaire ; elle entra premierement dans la petite sale sans dire un mot, où ayant pris de l'eau benite, elle se mit à genoux avec beaucoup de devotion, devant l'Image de la Vierge : elle fit des prieres assez longues, & apres avoir baisé trois fois la terre, levé les yeux & ses mains au

Ciel, & avoir mis son aumosne dans la boëte, elle sortit dans la court avec les autres pour attendre Monipodio.

Ils se trouverent là environ quatorze personnes, parmy lesquels il y avoit deux jeunes hommes bien faits, & habillez proprement : Ils avoient des chapeaux à grands bords, des rabats à la Valone, des bas de soye de couleur, une épée marquetée, & un habit magnifique. En entrant ils regarderent d'abord Rincon & Cortade avec fierté, & comme des gens qu'ils n'avoient pas encore veus, & s'estant approché d'eux pour leur demander s'ils estoient de la profession, ils apprirent qu'ils l'avoient desja fait avec succez.

Enfin le Seigneur Monipodio descendit, & fut receu avec beaucoup de respect de cette belle & honneste compagnie. Il paroissoit agé d'environ quarante-cinq ans, il avoit la taille haute les yeux enfoncez, le visage noir, & une barbe épaisse, qui estoit de la mesme couleur: Il portoit une cape de frise, qui luy descendoit presque jusqu'au talon: Ses pieds estoient grands & contrefaits, son chapeau d'une forme haute & pointuë: il avoit un baudrier fort long, au bout duquel pendoit une épée courte & large: ses mains estoient sales, petites & toutes veluës: on ne luy voyoit presque point de jambes; enfin c'estoit l'homme du monde le plus laid & le plus vilain. Celuy qui avoit mené Rincon & Cortade descendit avec luy, & les ayant fait approcher: ces deux jeunes garçons que vous voyez, luy dit il, sont ceux dont je vous ay parlé, si vous voulez leur faire l'honneur de les interroger, je ne crois pas que vous les trouviez indignes d'estre admis dans nostre Societé. Monipodio les tirant seuls en un endroit de la court éloigné des autres personnes qui l'attendoient: leur demanda à quoy ils s'opcupoient, d'où ils estoient, & qui estoit le nom de leur pere. Pour nostre employ, repondit Rincon, vous jugez bien quel il est par la visite que nous avons l'honneur de vous rendre ; mais je ne pense pas que le nom de nostre pere & de nostre pays soit necessaire pour estre receus à faire le mestier que nous souhaitons. Mes enfans, leur dit Monipodio, vous avez raison de cacher vostre famille & vostre patrie, je vous en estime davantage: & en effet, si la fortune venoit à vous estre contraire, & que les choses n'allassent pas suivant vos desirs, il seroit fascheux qu'on trouvast un jour écrit dans le registre d'un Greffier, un tel, fils d'un tel, fut pendu un tel jour, ou fut foüetté, ce qui sonne mal à l'oreille, & je vous loüe d'avoir changé de nom. Dites moy seulement ceux que vous avez pris. Monipôdio les ayant fceus, fut quelque temps fans parler, comme un homme qui fonge à quelque chofe. Ie fuis d'avis, reprit-il enfuitte, que vous Rincon, vous vous appelliez Rinconet, & vous Cortade, Cortadille; Ces deux noms vous conviennent fort bien, fi l'on confidere voftre âge, & felon nos Statuts il faut fçavoir le nom de tous nos Confreres, parce que tous les ans nous faifons prier Dieu pour l'ame de ceux qui font morts, en contribuant chaqu'un quelque chofe de ce qu'il a derobé. Nous faifons auffi des prieres pour nos peres, pour nos meres, & pour nos bien faicteurs, comme pour le Procureur qui nous défend quand quelqu'un de nos compagnons est pris : pour les Sergens qui nous donnent des avis : pour le Bourreau qui nous expedie en peu de temps : pour celuy qui voyant courir apres nous dans la ruë, arreste ceux qui nous poursuivent faisant semblant de nous maudire : pour ceux qui par leur adresses particulieres nous rendent la question moins fascheuse : pour l'Avocat qui excuse nos crimes par la foiblesse qui est ordinaire à tout le monde ; Pour toutes ces personnes que je viens de vous nommer, nous faisons tous les ans un anniversaire quand ils sont morts, & nous écrivons leurs noms avec les nostre sur le mesme registre. Il est bon que vous soyez instruits, continua Monipodio, de nos coûtumes. En verité, dit Rinconet, il n'y a rien de si bien pensé que toutes les choses que vous m'avez dites, elles sont extretrement conformes à l'estime qu'on a de vostre prudence Mon pere & ma mere vivent encores comme je crois ; mais d'abord que j'auray apris leur mort, j'en donneray advis à nostre Compagnie afin qu'ils ayent les mesmes prieres dont vous venez de me parler. On n'y manquera pas, je vous l'asseure, repondit Monipodio; puis s'addressant à Granchuele, qui estoit le jeune garçon qui avoit conduit les deux autres : Y a-t'il des sentinelles par tout, afin que nous ne soyons pas surpris. Il y en a trois sur chaque advenuë, luy repondit-il, & nous n'avons rien à craindre. Monipodio reprenant le discours qu'il faisoit à Rinconet & à Cortadille: Mes enfans, continua-t'il, dites moy presentement ce que vous sçavez faire, afin que je vous donne un employ qui soit conforme à vos inclinations & à vostre experience. J'entends un peu à joüer des gobelets, dit Rinconet, je vois clair dans le jeu, & je ne suis pas manchot lorsqu'il faut prendre: je fais tourner la chance, quand je veux. Ces commencemens, reprit Monipodio, ne sont pas mauvais; mais à les bien considerer, ce ne sont que des bagatelles, il n'y a pas un novice parmy nous qui n'en sçache autant, & excepté quelque dupe qui donne dedans, il n'y a pas moyen de s'en servir dans le monde : neantmoins il ne faut rien negliger, ce sont toûjours des fondemens sur lesquels on peut bastir, & avec une douzaine de leçons que je vous donneray, j'espere que moyennant le secours du Ciel, dans peu de temps vous deviendrez habile homme. Je vous en seray obligé, répondit Rinconet, en luy faisant une profonde reverence, & je feray mon possible pour en profiter. Ensuite Monipodio s'adressant à Cortadille, luy demanda ce qu'il sçavoit. Je tends des pieges à une poche repondit-il, & elle tombe toujours dans mes filets : voilà toute ma science, je suis bien fasché de n'en pas sçavoir davantage. Ne vous affligez pas, luy dit Monipodio, vous estes heureux d'estre venu en si bonne Escole, il ne tiendra qu'à vous que vous n'y apreniez mille choses qui vous seront fort utiles : Et du cœur en avez-vous tous deux ? N'en doutez pas, repondit Rinconet, nous en avons, & il n'est rien de difficile dans nostre mestier, que nous n'entreprennions, & dont nous ne venions à bout. Cela me plaist, dit Monipodio, & j'aime bien les jeunes gens qui se sentent ; mais je voudrois bien que vous eussiez le courage de souffrir une douzaine de coups de baston sans dire mot. Nous sçavons desja repondit Cortadille, ce que vous voulez dire. Il n'y a rien de foible dans nous, nous supportons tout. Et en cas, reprit Monipodio, que vous fussiez pris, & appliqués à la question.... Nous souffririons tout, interompit Cortadille, sans dire ouy: à-t'on de la peine à dire non, & ce mot a-t'il plus de Lettres que l'autre. Il n'en faut pas davantage, reprit Monipodio, je vois bien que vous avez tous deux le talent de la profession, je vous reçois au nombre des autres Confreres; & pour les bonnes qualitez que je connois en vous, je vous dispense

dispense de l'année de Noviciat. Je suis de ce sentiment, dit un de ceux qui estoient dans la court : tous les autres qui avoient ouÿ la conversation, furent dans la mesme pensée, & Monipodio, pour satisfaire toute la Compagnie, fit participans Rinconet & Cortadille, de tous les privileges & immunitez dont jouïssoient les anciens Confreres, leur disant qu'on leur faisoit une grace extraordinaire, & qu'ils estoient dispensez des petites fonctions, comme de donner la moitié de leur premier vol, de porter des billets à leurs compagnons, quand ils estoient en prison, d'aller prendre la reponce en la maison de ceux qui les avoient fait arrester, de demander permission de faire des festins, & d'autres semblables choses que les jeunes sont obligez de faire pendant leur premiere année. Rinconet & Cortadille touchez d'une faveur si grande, remercierent la compagnie avec tout le respect & toute la reconnoissance possible.

À peine avoit on achevé la ceremonie, qu'un jeune garçon vint en courant dire à Monipodio, qu'un Lieutenant du Prevost s'approchoit de la maison. Monipodio luy demanda s'il estoit accompagné : Il luy dit qu'il venoit seul. Que personne n'ait peur, dit gravement Monipodio, c'est un de nos bons amis, il ne vient jamais pour nous faire du deplaisir; neantmoins j'iray luy parler à la porte. Tous ceux que cette nouvelle avoit effrayez, reprirent un peu leurs esprits, & Monipodio estant sorti, il parla quelque temps avec ce Lieutenant, puis il vint demander, qui estoit celui qui devoit ce jour là se rendre à la place de Saint Sauveur. C'est moy dit Granchuele. Pourquoy ne pas me parler, reprit Monipodio, d'une bourse qui a esté prise ce matin dans cet endroit, où il y avoit quinze escus d'or. Il est vray, repondit Granchuele, qu'on a pris ce matin la bourse que vous dites; mais je ne sçay ni ne puis m'imaginer qui ait fait le coup. Ie n'entends pas raillerie, repliqua Monipodio, le Lieutenant la demande, il nous oblige tous les ans, en cent occasions, & il faut qu'elle se trouve. Granchuele jure qu'il ne l'a pas prise. Que personne ne s'advise, reprit Monipodio, outré de colere, de violer la moindre de nos Ordonnances ; il luy en couteroit la vie. Si quelqu'un cache ce vol pour le droit qu'il m'en doit payer, je le luy remets entierement, & je m'offre de luy donner du mien les quinze escus d'or qui estoient dans la bourse ; car je ne veux point renvoyer ce Lieutenant mal satisfait. Granchuele jura encore une fois, & fit des sermens qu'il n'avoit ni pris, ni veu la bourse. Monipodio allumé de fureur, estoit sur le point de la decharger, & toute la Compagnie estoit fort irritée, de voir qu'on rompoit ainsi les Statuts. Rinconet aprehendant les suites de ce tumulte, creut qu'il estoit necessaire de l'appaiser, & ayant dit un mot à Cortadille, il tira de son sein la bourse, & la remit entre les mains de Monipodio, luy disant que c'estoit la mesme qu'on demandoit, que Cortadille son camarade avoit prise le matin à un Sacristain avec un mouchoir qu'il montra à tout le monde. Monipodio ravi d'avoir la bourse, laissa le mouchoir à Cortadille: Il le loüa de l'honnesteté qu'il avoit euë de la rendre : Ce brave homme, adjouta-t'il, nous fait plus de plaisir en un jour que nous ne pouvons luy en rendre en un an : Cette bourse appartient à un de ses parens, & je suis bien aise qu'il la recouvre. En finissant ces paroles, il s'approcha de la porte où estoit le Lieutenant, & la luy rendit avec plusieurs témoignages de civilité. Toute la Compagnie approuva fort l'honnesteté de Cortadille & de Rinconet, qui avoient si genereusement renoncé à leurs interests.

Monipodio revint accompagné de deux jeunes filles habillées de serges grises : elles estoient fardées, leurs levres estoient pleines de vermillon, leur regard effronté, & elles avoient mille manieres affectées, qui firent d'abord connoistre à Rinconet & à Cortadille, ce qu'elles estoient. A peine elles furent entrées que l'une courut embrasser Chiquinaque & l'autre Manifer, qui estoient ces deux jeunes hommes bien faits, dont il a esté parlé. Manifer estoit ainsi appellé à cause d'une main de fer qu'il avoit au lieu de la sienne qui luy fut coupée par Sentence de Iuge. Apres leur avoir fait de leur costé beaucoup d'amitié, ils leur demanderent si elles n'apportoient rien pour boire: l'une d'elles nommée la Gananciosa, luy repondit, que Silvatille son Laquais alloit venir avec un panier tout plein, & en effet il entra un moment apres, tenant le panier couvert d'un linge. Ils se réjoüirent de l'arrivée de Silvatille, & Monipodio faisant aporter vne de ces nattes qui estoient dans sa petite sale, il l'étendit au milieu de la court, & y fit assoir en rond tout le monde, pour traiter en beuvant des affaires qui regardoient l'interest de leur Compagnie. Cependant la vieille qui venoit encore de faire des prieres devant l'Image, s'aprochant de Monipodio. Mon fils luy-dit elle, je ne suis pas ici pour perdre le temps, il y a deux jours que je suis presque folle d'un mal de teste, & il faut qu'avant midy, quelque

que chose qui arrive, j'aille porter un cierge à Nostre-Dame des Eaux, & y faire mes devotions : Je suis venuë pour vous dire que la nuit derniere, le Renegat & Centopies porterent dans ma chambre un panier un peu plus grand que celuy que vous voyez, rempli de linge blanc : Ces pauvres garçons estoient extremement chargez, en entrant chez moy ils suoient à grosses goutes, & leurs visages estoient tout en feu : Ils n'eurent pas le temps de conter le linge qui estoit dans ce panier, parce qu'ils alloient courir apres un paisan qui r'emportoit ses poches pleines de reales pour plusieurs moutons qu'il avoit vendus. Ils m'ont confié ce linge, auquel je n'ay pas touché, je vous jure, & je viens vous le dire pour décharger ma conscience. Bonne Mere, luy repondit Monipodio, je suis persuadé de vostre honnesteté : laissez le panier comme il est, j'iray voir moy mesme ce qu'il y a dedans, & je donneray à chacun ce qui luy est deub, comme à mon ordinaire. Tout ce qui vous plaira, mon fils, reprit la vieille, mais par ce qu'il est desja tard, & qu'il y a long-temps que je suis levée, donnez-moy, je vous prie, un peu de vin, pour me fortifier l'estomach, & pour m'empescher le mal de cœur, auquel je suis sujette depuis quelques jours.

Il faut vous en donner, bonne mere, dit Escalante, qui estoit la camarade de la Gananciosa, & decouvrant le panier elle tira deux pots de terre, l'un extremement grand, & l'autre qui ne tenoit environ qu'une pinte: Elle le presenta à la vieille pour prendre ce qui luy seroit necessaire. La vieille le tenant entre ses mains, & ayant soufflé l'écume qu'elle voyoit au dessus: Vous m'en donnez beaucoup, ma fille, luy dit-elle, mais avec le secours du Ciel nous viendrons à bout de tout: ensuitte portant le pot à sa bouche, & ayant beu d'une haleine tout le vin qui y estoit: ce vin est bien picquant, continua-t'elle, j'ay peur qu'il

T ij

me fasse mal, car je suis encore à jeun. Ne craignez rien, luy dit Monipodio, il est naturel, & c'est un vin de deux feüilles. J'espere en la bonne Vierge, repartit la vieille, qu'il ne m'incommodera point. Elle remercia Escalante en luy rendant le pot, & luy souhaita autant de bien qu'elle luy en avoit fait : Mes filles, adjoûta-t'elle, voyez je vous prie si vous n'auriez point quelques doubles à me donner, pour acheter le cierge de ma devotion : J'estois si aise de voir chez moy le panier de linge, & je me suis si pressée pour le venir dire à mon fils Monipodio, que j'ay oublié ma bourse. J'en ay bonne mere, repondit la Gananciosa : voilà un sol, de la moitié vous me ferez le plaisir d'acheter trois cierges pour moy, vous en mettrez deux allumez devant l'Autel de Saint Michel & de Saint Blaise, qui sont mes Patrons, & un au bas de l'Image de Sainte Luce, que j'invoque pour le mal que j'ay aux yeux. Le Ciel vous console, ma fille, reprit la mere Pipote (c'est le nom de la vieille) & vous fasse la grace d'enterrer tous ceux qui croient estre vos heritiers. La mere Pipote parle bien, reprit Escalante, en tirant quelques autres doubles de sa poche : Tenez, voilà dequoy acheter d'autres bougies ; vous les fairez brûler devant les Saints que vous connoissez nous estre plus utiles. La bonne vieille en prenant congé de toute la Compagnie : rejoüissez-vous mes enfans, leur dit-elle, pendant que vous estes jeunes, un temps viendra que vous pleurerez comme je fais, les plaisirs que vous aurez negligez: Ie me recommande à vos prieres, je m'en vas en faire pour vous & pour moy, afin que le Ciel nous preserve de toute mauvaise rencontre, & nous donne les moyens d'exercer avec honneur le mestier auquel nous sommes engagez.

D'abord que la vieille s'en fut allée, tout le monde s'assit en rond sur la natte, & la premiere chose que la Gananciosa tira du panier, fut une grosse botte de raves, avec deux douzaines d'oranges & de citrons : ensuitte un plat de moruë : elle mit encore sur la natte du fromage d'Holande, un pot d'olives, avec des écrevices assaisonnées de capres confites au poivre, & quelques gasteaux. De quatorze qu'ils estoient à déjuner, pas un n'oublia à faire son devoir. Ces deux vieillards furent les premiers à gouster le vin ; mais à peine eurent-ils commencé à manger, qu'ils furent extremement effrayez des grands coups qu'on donnoit à la porte. Monipodio les rassura, autant qu'il put, & ayant pris dans la petite sale un bouclier de liege, il s'approcha de la porte l'epée à la main, & demanda d'une voix menaçante, qui frapoit si rudement. Ce n'est rien, Monipodio, repondit celuy qui estoit dehors, c'est Tagaret la sentinelle: Ie viens vous dire que Juliene la Cariharte court ici toute échevelée, le visage couvert de larmes, comme une femme qui a receu quelque grand déplaisir. Là dessus la Cariharte arrive en sanglottant, & Monipodio luy ayant ouvert, renvoya Tagaret à son poste, luy ordonnant qu'une autrefois quand il viendroit donner quelque avis, il ne fist pas tant de bruit. La Cariharte qui estoit du mestier aussi bien que les autres, entra toute éplorée: ses habits estoient dechirez, & son visage tout noir de coups: commançant à raconter à la Compagnie le mauvais traitement qu'on luy avoit fait, elle s'évanoüit. La Gananciosa & Escalante accoururent d'abord pour la secourir, elles luy jetterent de l'eau sur le visage, & ayant delassé son corps de juppe, elles virent son dos tout meurtri. Le secours qu'elles luy avoient donné, la fit un peu revenir. Que la foudre, dit-elle, puisse tomber sur ce voleur, ce traistre que j'ay tiré du gibet plus de fois que je n'ay de cheveux à la teste, malheureuse que je suis, avec quel homme ay-je passé mes plus belles années? Console-toy, Cariharte, luy dit Monipodio, je suis icy pour te rendre justice : raconte-nous seulement le mal qu'on t'a fait, & si l'on t'a manqué de respect, laisse moy le soin de ta vengeance. Me manquer de respect, dit-elle, les lions en auroient plus pour moy que le voleur qui m'a meurtrie : moy je mangerois & je demeurerois encor avec luy, que plûtost fusse-je mor-. Voyez continüa-t'elle, en decouvrant ses bras & son sein, comme m'a adjustée cet ingrat de Repolide, il m'a plus d'obligation qu'à sa mere, le traitre qu'il est : Et pour qu'elle raison croyez-vous qu'il m'a mise en cet estat, je ne luy ay rien fait, je vous jure, écoutez le beau sujet qu'il a pris : Ce matin apres avoir perdu au jeu tout son argent, il m'a envoyé demander trente reales par Cabrille son laquais, je n'en avois gagné que vingt quatre, que je luy ay données, le perfide a creu que j'en retenois quelques unes pour moy, il est venu avec cette imagination, & m'a adroitement engagée à m'aller promener avec luy dans ce bois d'oliviers qui est à un quart de lieu de la ville : là il m'a deshabillée, & avec une ceinture, sans oster les boucles de fer qui estoient au bout, il m'a mise comme vous voyez : Le traistre puisse-t'il un jour estre lié avec cette ceinture, comme il le merite. Apres ces paroles elle demanda justice à

Monipodio & à tous ceux qui estoient presens, qui s'engagerent de la luy rendre. La Gananciosa la prenant par la main, luy dit pour la consoler, qu'elle donneroit volontiers quelque chose de bon afin qu'elle receust un pareil traitement de celuy qu'elle aimoit : sois persuadée, ma chere Cariharte, adjoûta-t'elle, que nos galans ne nous maltraitent jamais qu'ils ne nous aiment beaucoup, & que leurs coups sont les plus grandes marques que nous puissions avoir de leur tendresse: & pour te convaincre de ce que je te dis, avoüe-moy franchement la verité de la chose que je te vas demander. Repolide, apres t'avoir mise toute en sang, ne t'a-t'il pas fait quelque petite caresse? Comment de caresses, repondit Cariharte, il m'en a accablée, il a fait tout ce qu'il a peu pour me mener à sa chambre, & il paroissoit si fasché de m'avoir roüée de coups, qu'il en avoit presque les larmes aux yeux. Ne t'ay je pas dit, reprit la Gananciosa, au moment qu'il te battoit le plus, il t'adoroit au fond de son ame, ne doute pas qu'il n'ait un grand deplaisir de l'avoir fait: quand nos galans se repentent de pareilles fautes, il faut leur pardonner facilement, tu verras qu'avant que nous sortions d'icy, il viendra doux comme un agneau te chercher luy mesme pour te demander pardon de toutes les choses qui se sont passées. Ie jure, dit Monipodio, que le lasche n'entrera jamais icy, qu'il n'ait auparavant reparé l'injure qu'il a faite à la Cariharte. Ie ne comprens pas qu'il faille avoir l'effronterie de maltraiter ainsi une fille d'honneur. Ie vous en prie, dit la Cariharte, ne dites point de mal de ce malheureux Repolide : quelque méchant qu'il soit, je l'aime de tout mon cœur, les choses que la Gananciosa m'a dites pour le justifier, m'ont tellement persuadée, que je suis sur le point de l'aller chercher moy-mesme, pour l'adoucir. Si tu m'en crois, reprit la Ganancio-sa, tu te garderas bien de luy faire ces advances, il en sera plus fier, & te regardera avec le dernier mépris, attend un moment, je te donne parole que tu le verras devant tes yeux fort fasché de la sotise qu'il a faite, & s'il ne vient pas, nous luy écrirons quelques vers qui ne luy seront pas fort agreables. Tres-volontiers, dit la Cariharte, j'ay assez de choses à luy envoyer. Ie veux estre le Secretaire, reprit Monipodio, je ne me pique pas d'estre trop bon Poëte; neantmoins quand je m'y mets, je fais plus de deux mille vers, sans prendre haleine, & en cas qu'il y manque quelque chose, j'ay un voisin de mes amis, qui excelle dans la poësie, & il y mettra la derniere main : Mais achevons de déjuner, apres nous verrons les mesures que nous avons à prendre, & je m'asseure que tout ira bien. Ils continüerent à manger avec tant d'appetit, qu'en peu de temps le panier fut vuide. Les deux vieillards beurent parfaitement bien, les jeunes gens & les filles s'en acquiterent de la mesme maniere : Ensuitte ces Vieillards prierent Monipodio de souffrir qu'ils s'en allassent. Tres-volontiers, leur repondit-il: Veillez toujours à toutes les les choses qui sont utiles à nostre Societé, & que nous en sçachions des nouvelles. Apres luy avoir promis de ny pas manquer, ils sortirent.

Rinconet qui estoit naturellement

lement curieux, suplia Monipodio de luy dire en quoy ces bonnes gens pouvoient encor servir la Communauté, eux qui estoient si vieux & si foibles. Ie suis ravy, repondit Monipodio, que vous ayez envie d'apprendre, je vois bien que vous deviendrez habile homme, puisque vous vous attachez à sçavoir les fonctions de chacun de nous: Les vieillards que vous avez veus, s'appellent des Espions, ils n'ont pas la force de faire eux mesme un bon coup; mais ils se promenent tous les jours dans toute la ville, pour découvrir les lieux où l'on porte de l'argent: ils examinent la maison, ils voyent de qu'elle maniere elle est bastie, les endroits les plus aisez pour y entrer, puis ils nous en viennent donner advis; & sur ce qu'ils nous rapportent, nous prennons des mesures pour venir à bout de nos desseins : Ces sortes de gens, adjoûta Monipodjo, nous sont plus necessaires que pas un de la Societé; tout le butin que nous faisons, nous vient de leur bonne conduitte, aussi ils en ont la cinquiéme partie, & ne croyez pas que ce soyent des fourbes, ils ne nous mentent jamais, nous sommes seurs qu'ils sont gens d'honneur, & craignans Dieu, qui pour tous les biens du monde, ne voudroient pas faire la moindre chose qui blessast leur conscience; sur tout ces deux qui viennent de sortir d'icy ont une devotion extremement delicate, ils entendent tous les jours la Messe avec une modestie qui edifie tout le monde, & ils sont si honnestes gens, que sur ce qu'ils nous font voler, ils ont scrupule de prendre la moitié du droit qui leur appartient. Ie suis ravy, reprit Rinconet, de tout ce que vous me dites, & je brusle d'envie de faire quelque chose qui soit utile à la Communauté. Le Ciel benit les bons desirs, repliqua Monipodio, & favorise toûjours les jeunes gens qui veulent travailler. Comme on estoit dans cet entretien, l'on entendit encor frapper à la porte: Monipodio alla luy-mesme demander qui c'estoit. Ouvrez-moy, Seigneur Monipodio, dit celuy qui estoit dehors, je suis Repolide. La Cariharte entendant cette voix, cria tant qu'elle put à Monipodio, de ne laisser pas entrer ce brutal, ce tigre, qui l'avoit déchirée de coups. Monipodio ne laissa pas d'ouvrir à Repolide. La Cariharte le voyant, courut toute effrayée dans la sale des boucliers, & ayant fermé la porte par derriere: Ostés de devant moy, s'écriat'elle, ce cruel, qui assomme le monde sans pitié, ce bourreau qui met en pieces les innocens. Chiquinaque & Manifer faisoient leur possible pour tenir Repolide, qui vouloit entrer dans la sale où la Cariharte s'estoit enfermée. Comme il vit qu'il ne pouvoit y aller: Ma chere Cariharte, luy disoit-il, de la porte, je t'en prie, ne te fasche pas, je ne te battray jamais, c'est un petit emportement qui m'avoit pris, cela n'arrivera plus: & pour te marquer mon amitié, je souhaite que tu sois bien-tost mariée. Moy mariée, brutal, dit-elle, voyez dequoy il parle, tu voudrois peut estre que je le fusse avec toy, mais j'aymerois mieux mourir que de t'avoir fait cet honneur. Hola sotte beste, reprit Repolide, d'un ton serieux, aurez-vous bien tost fait, il est temps, il se fait tard, vous faites l'entenduë, parce que vous voyez que je suis doux : je vous jure que si vous m'échauffez la teste, la recheute sera pire que le mal, croyez-moy ne faites plus le diable. Ie luy fairois un beau present luy dit-elle, pourveu qu'il voulust t'emporter en lieu que je ne te visse jamais. Ie vous ay desja dit, repliqua Repolide, que si vous parlez davantage, je travailleray sur vous à nouveaux frais, & je ne vous reponds pas que la patience ne m'eschappe. Ie ne souffriray pas, dit Monipodio, que vous maltraitiez la Cariharte, elle sortira de la sale pour l'amour de moy, & j'espere que tout ira bien : Les petites broüilleries qui arrivent entre les Amans, leur donnent un plaisir extreme quand elles sont passées. Puis addressant la parole à la Cariharte: Ma chere, luy cria Monipodio, ma belle enfant, ouvre cette porte je t'en prie: je te feray demander pardon à deux genoux par Repolide. Qu'il le fasse auparavant, reprit Escalante, & nous la prierons toutes de sortir, & de le pardonner. Si cette soumission, dit Repolide, devoit me faire passer pour un homme qui craint la moindre chose, j'aimerois mieux mourir mille fois que d'y songer: mais si c'est une complaisance qu'il faille avoir pour la Cariharte, je ne feray pas seulement ce que vous souhaitez, mais je me mettray ventre à terre pour l'adoucir. Ces dernieres paroles firent rire Chiquinaque & Manifer. Repolide y prenant garde, & croyant qu'on se mocquoit de ce qu'il avoit dit: Si quelqu'un est assez sot, dit-il, d'un air fier, pour railler des choses que la Cariharte ma dites, ou de ce que je luy ay repondu, il trouverra à qui parler. Chiquinaque & Manifer, qui voyoient bien que ce discours s'adressoit à eux, commencerent à l'envisager d'une maniere que Monipodio jugea que s'il n'y apportoit du remede, il verroit des suittes fascheuses. Messieurs, point de querelles, dit il, se mettant au milieu, changeons de discours, & que personne ne prenne pour soy ce qui vient d'estre d'estre dit. Il est bien certain, reprit Chiquinaque, que si nous y prenions quelque part, nous sçaurions de quelle maniere il en faudroit user. Me croyez-vous homme, reprit Repolide, à craindre des gens comme vous: I'ay dit, & le redis encore, qu'il n'appartient qu'à des impertinents de se mocquer de ce que j'ay dit à la Cariharte, si vous prenez pour vous mes paroles, suivez moy, je suis prest à les soutenir l'épée à la main. En achevant, il courut du costé de la porte pour sortir le premier. La Cariharte qui avoit tout entendu, voyant que Repolide vouloit aller se battre: Arrestez-le, cria-elle, c'est un desesperé, il fera quelque mauvais coup. Elle fut aussi apres luy, & le prenant par son juste-au-corps, elle aida Monipodio à empescher qu'il ne sortist. Pendant ce bruit, Chiquinaque & Manifer ne sçachant encore le parti qu'ils devoient prendre, demeurerent froids pour voir ce que feroit Repolide. A la fin on l'appaisa, & prenant la parole: il est mal honneste à un amy, dit-il, de se moquer de son amy, sur tout quand il voit qu'il s'offence de sa raillerie. Il n'y a personne icy, repondit Manifer, qui pretende de fascher son amy. Puisque cela est, reprit Monipodio, nous sommes tous bons amis, & il faut nous donner la main, ce qu'ils firent d'abord. L'Escalante ravie de voir la querelle finie, prit un de ses patins, où elle joüa comme sur un tambour de Basque. La Gananciosa augmenta l'harmonie avec un balay de palme neuve, qui rendoit une maniere de son assez semblable à celuy du Patin, & Monipodio voulant avoir part à la feste, rompit une assiete par le milieu, & ayant mis les deux moitiez entre ses doits, il tenoit sa partie comme les autres. Rinconet & Cortadille admiroient à quel usage on employoit le patin & le balay. Manifer prenant garde à leur estonnement: ils ont raison, dit-il, d'estre surpris de ce qu'ils voyent, car a-t'on jamais vû une symphonie plus facile, & plus prompte, il n'y a aucun preparatif à faire, & les instrumens sont bien-tost d'accord. Ces jours passez un Docteur m'asseuroit qu'Orphée qui descendit aux Enfers pour ravir Euridice, & Arion qui passa la mer sur un Dauphin, n'inventerent jamais rien qui approchast du concert que nous entendons. L'invention en est deuë à un galant homme de cette ville qui excelle dans la Musique. Ie n'en doute point, repondit Rinconet, mais entendons ce qu'ils chantent. La Gananciosa tousse, elle va chanter, Monipodio l'a priée de dire quelques paroles qui sont à la mode. Celle qui commença, fut Escalante, qui d'une voix agréable & douce chanta les Vers suivans.

Pour un aimable blondin,
Mon cœur est tout de flame.

La Gananciosa continua de la sorte.

Vn more jeune & Badin,
S'est emparé de mon ame.

Et Monipodio s'empressant d'en dire à son tour, chanta ces paroles.

Ha que c'est un plaisir char-
mant,
Qu'un r'acommodement!
Amans querellez vos Maîtresses,
Si vous voulez reveiller leurs
tendresses.

X ij

La Cariharte qui avoit repris sa joye, & qui ne pensoit plus à ce qui s'estoit passé, voulant avoir part au divertissement, prit aussi un de ses patins, & s'estant meslée avec les autres, dit son couplet.

Appaise ton couroux fatal,
Cruel, puisque je t'aime,
Et que pour moy ton amour est
 extreme;
En me faisant du mal
Tu te blesses toy-mesme.

Ie te prie, luy dit Repolide, chante quelque autre chose, & ne renouvelle plus ce qui s'est passé. Comme ils continuoient leurs concerts, ils entendirent un grand bruit à la porte. Monipodio alla voir ce que c'estoit. Ie viens de decouvrir, luy dit la Sentinelle, le Lieutenant du Prevost, accompagné de quelques Archers, qui prennent leur chemin de ce costé cy. Ces paroles les ayant tous effrayez, ils cesserent leur divertissement. La Cariharte & la Gananciosa n'eurent pas le temps de se chausser. Monipodio jetta ses moitiez d'assiette, Chiquinaque estoit pasle, Manifer suoit de peur: & Repolide ne sçavoit ce qu'il faisoit: chacun couroit de son costé, ils monterent au haut de la maison, ils passerent sur le toit pour se sauver dans une autre ruë: enfin en un moment tous disparurent, à la reserve de Rinconet & de Cortadille, qui attendoient avec beaucoup de patience à quoy aboutiroit tout ce desordre; mais peu de temps apres la Sentinelle revenant à Monipodio, luy dit qu'il n'eust plus de peur, que le Lieutenant du Prevost & les Archers avoient passé outre, sans témoigner aucun soupçon.

Il arriva là dessus un jeune Cavalier habillé proprement, qui entra dans la maison avec Monipodio. On fit appeller Chiquinaque, Manifer, & Repolide, & l'on défendit que pas un autre ne vinst. Rinconet & Cortadille qui avoient demeuré dans la court, oüirent toute la conversation du Cavalier avec Monipodio, en attendant que les autres vinssent. Pourquoy, luy dit ce Cavalier, ne m'avez vous pas tenu la parole que vous m'aviez donnée ? Celuy que j'avois chargé de l'executer, est icy, repondit Monipodio, il faut voir ce qu'il nous dira. Chiquinaque estant descendu, Monipodio luy demanda s'il avoit fendu le visage à cet homme qu'il luy avoit dit. A ce Marchand du Carrefour, dit Chiquinaque. A luy-mesme, reprit le Cavalier. J'allay dit Chiquinaque, pour l'attendre devant sa maison, il vint de bonne heure, & m'estant approché de luy pour voir son visage, je le trouvay si étroit & si petit qu'il m'estoit impossible de luy faire une balaffre aussi longue que vous souhaitiez; mais aussi pour m'acquiter de ma commission, je donnay un fendant sur le visage de son Laquais, qui asseurément est des plus beaux. Vous m'auriez fait mille fois plus de plaisir, dit le Cavalier, d'égratigner le maistre, que d'assassiner le valet; & ce que vous avez fait ne s'appelle point tenir sa parole: n'importe, les trente pistoles que j'ay données ne me rüineront pas, je vous baise les mains: en achevant son compliment, il les salüe, & s'en va. Monipodio qui n'avoit pas receu tout l'argent que ce Cavallier luy avoit promis, courut apres luy, & le prenant par la basque: Ie vous prie, luy dit-il, de nous tenir la promesse que vous nous avez faite: nous nous sommes acquittez avec honneur de nostre charge, agissez-en bien avec nous. Appellez-vous, dit le Cavalier, tenir sa parole ce que vous avez fait, & maltraite-t'on le maistre en battant son laquais? En verité, reprit Manifer, vous estes un habile homme: & ne sçavez-vous pas ce que dit le Proverbe, que *qui hait Martin, hait son* chien. Quel rapport a ce Proverbe, repliqua le Cavalier, à ce que nous disons? Le rapport est entier, repartit Manifer, le Marchand est Martin, son valet est le chien; de sorte que frappant le chien, on frappe Martin, & on s'acquitte de sa parole; mais il ne faut point tant de discours, vous me payerez toute à l'heure. Manifer raisonne bien, reprit Monipodio, & il m'a osté de la bouche ce que j'allois vous dire : croyez moy, ne vous faites pas presser davantage pour nous satisfaire, il ne sert de rien de se broüiller avec ses amis ; nous sommes tout à vous, & si vous voulez qu'on traite le maistre comme on a fait le valet, vous n'avez qu'à le dire, & vous pouvez conter que la chose est faite. Et bien, reprit le Cavalier, acquitez-vous auparavant de ce que vous dites, & apres je vous asseure que je vous payeray tout. N'en doutez nullement, dit Monipodio, Chiquinaque marquera si bien le visage de ce Marchand, qu'on croira qu'il est venu au monde ainsi. Là dessus le Cavalier luy disant qu'il se fioit entierement à sa parole, luy donna une chaisne en gage : elle pese trois mille reales, luy dit-il, vous prendrez les vingt pistoles que je vous dois, & quarante autres que je vous promets quand vous aurez traité le marchant comme je le souhaite : peut-estre mesme que cette chaisne vous restera tout à fait, j'ay encore d'autres personnes que je pourray bien vous recommander. Monipodio qui estoit naturellement fort honneste, prit cette chaisne avec beaucoup de civilité, & l'ayant bien consideree, il l'a trouva d'un argent tres-fin, Chiquinaque fut chargé de la commission, & promit au Cavalier de s'en acquiter la nuit suivante, afin qu'il fust bientost satisfait. Alors Monipodio fit appeller tous les autres qui n'avoient pas osé descendre, & les ayant fait venir autour de luy, il tira un Livre de sa poche, qu'il donna à Rinconet, par ce que luy ne sçavoit pas lire. Rinconet l'ayant ouvert, y vit ce qui suit.

MEMOIRE DES Fendans d'épée que l'on doit donner cette semaine.

PREMIEREMENT au Marchand du Carrefour. On nous a promis cinquante escus, nous en avons touché trente à bon compte. Executeur Chiquinaque.

Je ne pense pas, dit Monipodio, qu'il y ait plus rien à faire de cette nature, cherche presentement le feüillet où est le Memoire des coups de baston. Rinconet le trouva: Le premier article estoit celuy-cy.

Au Cabaretier de l'Enseigne des Trefles, douze coups de bastons de poids, à un escu chacun, sur quoy nous avons reçu huit escus, le reste à six jours de terme. Executeur Manifer.

Pour cette commission, dit Manifer, elle sera faite cette nuit prochaine. Y a-t'il encore quelque autre chose, dit

Monipodio. Voicy encor un article, repondit Rinconet.

Au Tailleur Silguere, qui est bossu, six bons coups de baston, à la priere de la Dame qui nous a laissé pour gage son collier de perles. Executeur Desmochache.

Je suis surpris, dit Monipodio que cela soit encor sur nostre Livre, il y a deux jours que cela devroit estre fait, & il faut asseurement que Demochache soit indisposé. Ie le rencontray hier, reprit Manifer, il me dit que le Tailleur estoit malade depuis quelques jours, & qu'il n'avoit pû executer ce qu'on luy avoit ordonné. Ie sçavois bien, répondit Monipodio, qu'il y avoit quelque raison qui avoit empesché

empesché Desmochache de me tenir sa parole; car il est homme à entreprendre des choses beaucoup plus dangereuses. Y a-t'il encore quelque autre article écrit sur ce feüillet ? Non, repondit Rinconet. Tourne, mon fils, reprit Monipodio, & cherche l'endroit où est le Memoire des affrons. Rinconet l'ayant trouvé, le lut de la sorte.

MEMOIRE DES paroles injurieuses qu'il faut dire : des Cornes qu'il faut attacher, & des libelles diffamatoires qu'il faut écrire, &c.

Qu'y à t'il plus bas, dit Monipodio. Il y a huile de Genevre pour frotter la porte de la… Ne dis pas la maison, interrompit Monipodio, je sçais ce que tu lis, & c'est moy qui dois faire cette folie ; on m'a promis huit escus, & j'en ay desja receu quatre. Tout ce que vous dites, reprit Rinconet, est écrit sur ce feüillet : au dessous il y a, On doit cloüer des cornes à…. Ne lis point, interrompit encore Monipodio, à quelle maison il faut les attacher, il suffit que la chose s'execute, sans nommer la personne que l'on veut deshonnorer, cela ne feroit que charger nostre conscience, au moins pour moy j'aymerois mieux planter cent cornes, pourveu que j'en fusse bien payé, que de dire une seule fois, quand ce seroit à mon pere, la personne à qui j'aurois fait cet affront. Celuy qui est chargé de cette commission, continüa Rinconet, est Nariguete. Raye cet endroit, reprit Monipodio, la chose est faite & payée. Voy plus bas, il y doit avoir si je ne me trompe, un article où plusieurs de nous se sont obligez de faire peur la nuit à un homme; & pour cela de vingt escus qu'on nous a promis, nous en avons touché la moitié : on nous a donné tout le mois où nous entrons pour cette commission, il n'y aura rien de si plaisant, & il y a long-temps qu'on n'a rien veu de semblable. Rends moy le Livre, mon enfant, adjoûta Monipodio, voilà tout : Le mestier va assez froidement, nous n'avons pas de grandes occupations; mais il faut tout abandonner à la Providence, peut-estre que le temps deviendra meilleur, les gens sont pauvres, & ma foy chacun met la main à l'œuvre pour les choses qui le regardent. Il est certain, dit Repolide, que quand on a receu quelque injure, on se vange soy-mesme, sans emprunter du secours; Mais le jour est desja fort avancé, & la chaleur va estre extreme: voyez, s'il vous plaist, ce que vous avez à nous ordonner. Que chacun, repondit Monipodio, aille à son poste, & qu'il n'en bouge jusqu'à Dimanche que nous nous reverrons icy, pour partager tout ce que nous aurons derobé.

Il donna à Rinconet le bon (l'on le nomma ainsi depuis le moment qu'il eut rendu la bourse) & à Cortadille l'espace qui est depuis la Tour de l'or hors la ville, jusques à la petite porte du Chasteau: quand vous vous estendrez, ajoûta-t'il un peu au delà, & mesme jusques à Saint Sebastien, ce ne sera pas un grand crime. Granchuele aura le soin de vous conduire à l'endroit que je vous marque; il y a moyen de pratiquer vos finesses, on trouve là cent personnes qui veulent joüer, & il me souvient d'un pauvre garçon, qui fut pendu ces jours passez, qui revenoit toûjours chargé d'argent, quoy qu'il fuſt bien moins adroit que vous.

Comme les deux Camarades prenoient congé de Monipodio, & qu'ils luy promettoient de faire leur meſtier avec honneur, il tira de ſa poche un papier, qui eſtoit la liſte de tous les Confreres, & le donnant à Rinconet; écrivez voſtre nom là deſſus, dit-il, je n'ay point de plume, le premier cabaretier vous en preſtera : Il faut mettre: Rinconet & Cortadille, receus dans la Societé un tel jour, un tel mois & une telle année. Vous pouvez taire les noms de vos peres pour la raiſon que je vous ay dite. Rinconet & Cortadille receurent le papier avec beaucoup de respect.

En ce moment ils furent interrompus par l'arrivée de deux vieillards, de ceux qu'on appelle *Espions*. Seigneur Monipodio, luy dit l'un des deux, je viens de rencontrer tout à l'heure sur les degrez de l'Eglise, le Louvereau de Malaga, il m'a asseuré qu'il s'estoit rendu si habile au jeu de cartes, que s'il joüoit contre le Diable, il luy gagneroit son argent: Il est fasché de n'estré pas encore venu vous rendre ce qu'il vous doit, & vous prier de l'écrire sur la liste, mais il est si mal en ordre qu'il n'a pas osé paroistre devant vous. Il viendra Dimanche prochain sans manquer. Ie ne me suis jamais trompé, repondit Monipodio, au jugement que j'ay fait de luy : il a des dispositions admirables pour estre l'unique en son art: ses mains font d'abord juger ce que je dis; il est constant que pour réussir en quelque chose, ce n'est pas assez d'avoir l'esprit ouvert, & l'inteligence prompte, mais il faut sçavoir executer finement ce qu'on a compris.

L'autre vieillard luy dit qu'il avoit trouvé en une maison qui est vers la ruë de Saint Sebastien, le Iuif habillé en Prestre, il a apris que deux hommes, qui depuis peu sont revenus du Perou, y estoient logez, & il veut voir s'il y auroit moyen de les embarquer au jeu: il m'a dit qu'il joüeroit si
peu

peu qu'ils voudroient pour les engager insensiblement à hazarder quelque somme considerable; Il ne manquera pas d'estre icy Dimanche avec les autres, pour rendre compte de ce qu'il aura fait. Ce Iuif, repondit Monipodio, est fort adroit aussi. Il est vray qu'il y a desja quelques jours que je ne l'ay vu, il me neglige; mais ma foy s'il ne devient plus ponctuel, je le degraderay: Ce Larron ne fait non plus de cas de nos Ordonnances, que le Grand Turc. Y a-t'il quelque autre nouvelle? adjoûta-t'il. Non pas que nous sçachions, repondirent les deux vieillards. A la bonne heure, reprit Monipodio, tenez voilà la part que je vous ay gardée de quelques reales que nous partageames ces jours passez, c'est peu de chose, & ces petits gains marquent bien la misere du temps: Soyez icy Dimanche prochain, n'y manquez pas, chacun aura sa part du gasteau. Apres que les vieillards furent sortis, toute la Compagnie voulant se separer, remercia Monipodio de la bonté qu'il leur avoit témoignée. Repolide fit sa paix avec la Cariharte, & la Gananciosa & l'Escalante prirent la main de Chiquinaque & de Manifer. En sortant ils dirent qu'ils alloient chez eux donner les ordres qui estoient necessaires, & qu'à l'entrée de la nuit il falloit tous se trouver chez la mere

Pipote. Je m'y rendray aussi, dit Monipodio, pour voir ce que c'est que ce panier de linge dont elle m'est venuë parler ce matin, & de là j'iray faire cette folie à laquelle je me suis engagé.

Tout le monde estant sorti, Monipodio embrassa Rinconet & Cortadille, & leur ayant donné sa benediction, il ordonna à Granchuele de les conduire au poste qu'il leur avoit marqué. Je vous recommande sur toutes choses, adjoûta-t'il, que vous n'ayez jamais aucune demeure asseurée, cét avis est fort utile pour vous. Revenez icy le jour que je vous ay dit, j'espere de faire une conference touchant les manieres adroites qu'il faut avoir pour faire du progrez dans la profession, ce sont des Leçons qu'il ne faut pas negliger, & elles servent beaucoup dans les occasions.

Rinconet & Cortadille estant sortis, marcherent quelque temps sans rien dire, ils estoient surpris de tout ce qu'ils avoient vû dans la maison de Monipodio, & de toutes les choses qu'avoient faites les personnes qui s'y estoient renduës. Rinconet, quoy qu'encor bien jeune, ne laissoit pas d'avoir de l'esprit : & comme il avoit appris à parler assez correctement, dans le lieu où autrefois on luy avoit fait écrire des Bulles, il ne pouvoit s'empescher de rire en pensant aux méchants mots dont Monipodio, & tout le reste de sa Compagnie s'estoient servy en leurs entretiens. Il avoit remarqué le souhait plaisant de la Cariharte, en parlant des vingt-quatre reales qu'elle avoit envoyées à Repolide, qu'elle prioit le Ciel de recevoir la peine qu'elle avoit euë à les gaigner, en satisfaction des pechez que cet argent luy avoit fait commettre. Il admiroit sur tout la confiance qu'avoient de leur salut, des gens qui faisoient tous les jours mille crimes.

La mere Pipote qui gardoit soigneusement chez elle un panier plein de linge, qu'on avoit derobé, le rejoüissoit extremement avec ses bougies qu'elle faisoit bruler devant les Images; & il ne pouvoit comprendre le respect que toute cette troupe avoit pour Monipodio, qui estoit l'homme du monde le plus brutal, & & le plus mal-honneste: repassant dans sa memoire ce qu'il avoit vu dans le Livre qu'on luy avoit fait lire, il jugeoit assez à quelles choses ils estoient toûjours occupez, & il estoit surpris que la Iustice de Seville pust souffrir des gens si perdus, qui faisoient des crimes à la veuë de tout le monde. Toutes ces considerations le firent resoudre de changer de vie, & de persuader à son Camarade de se mettre tous deux dans une profesfion moins dangereuſe : Neanmoins ſe laiſſant emporter à leur jeuneſſe, ils paſſerent quelque mois dans ce meſtier, où ils firent des choſes que nous dirons quelque jour plus au long, auſſi bien que les avantures de Monipodio, & de ceux de ſa Societé, dont le diſcours ſera utile à tout le monde.

ISABELLE
OU
L'ESPAGNOLE ANGLOISE.

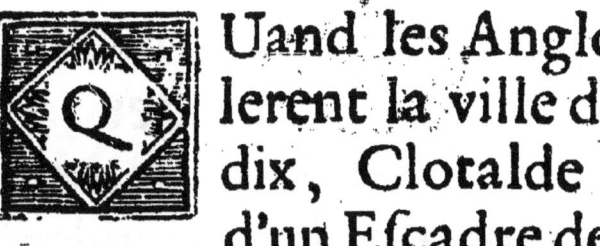Uand les Anglois pillerent la ville de Cadix, Clotalde Chef d'un Escadre de Vaisseaux, y enleva une petite fille âgée d'environ sept ans. Le Comte d'Essex qui avoit défendu de pareilles actions, la

fit chercher dans toute son Armée, avec commandement de la rendre sur peine de la vie. Cette recherche se fit pour contenter le pere & la mere de cette petite fille, qui s'allerent plaindre au Comte, luy disant que puisqu'il se contentoit d'emporter tout leur bien, sans vouloir toucher à leurs personnes, il ne souffrist pas qu'on leur ravist leur fille, qui estoit toute la consolation qui leur restoit. Neantmoins quelque soin que prit le Comte de la faire chercher, & quelque peine dont il menaçast celuy qui la retiendroit, Clotalde la cacha si bien dans son Vaisseau, qu'on ne la decouvrit point: il ne peût jamais se resoudre à la rendre,

& laissant son pere dans la derniere affliction, il la mena à Londres, & la donna à sa femme, comme la chose la plus pretieuse qui eust esté prise dans Cadix.

La bonne fortune voulut que toute la famille de Clotalde estoit Catholique dans le cœur, quoy qu'ils témoignassent au dehors de suivre la Religion de la Reine. Il avoit un fils nommé Ricarede âgé de douze ans : sa femme Catalina estoit une Dame extremement vertueuse, qui conceut une tendresse si grande pour Isabelle (c'est le nom de la petite fille) qu'elle l'élevoit & l'instruisoit avec un soin extreme. Quelques caresses qu'elle receust de Clotalde & de sa femme, elle ne laissoit pas neantmoins de songer souvent à son pere & à sa mere, & de pleurer du regret de les avoir perdus. Elle aprenoit facilement tout ce qu'on luy enseignoit, & sans oublier sa langue naturelle, qu'elle entretenoit toûjours en la compagnie de quelques Espagnols que Clotalde faisoit venir chez luy secrettement, elle parloit la Langue Angloise avec autant de facilité que si elle fust née à Londres. Apres qu'elle sceut toutes les choses qui conviennent à une fille de qualité, elle apprit à joüer des instrumens, qu'elle accompagnoit d'une voix si charmante, qu'elle ravissoit tout le monde.

Toutes ces belles qualitez toucherent le cœur de Ricarede, qu'Isabelle regardoit comme s'il eust esté son frere. Aû commencement l'inclination de ce jeune homme n'estoit qu'une complaisance honneste qu'il sentoit pour Isabelle, & un plaisir qu'il se faisoit de voir en elle tant de beauté & de perfection ; mais quand Isabelle fut un peu plus avancée en age, & que ses charmes furent devenus plus grands, cette complaisance de Ricarede se changea en un grand amour, & en un desir passionné de l'epouser. Il ne sçavoit quelle mesure prendre pour decouvrir son dessein à ses parens : il pensoit que son pere ayant envie de le marier avec une Demoiselle Ecossoise, de bonne maison, & tres-riche, il n'y avoit aucune apparence qu'il vouluft rompre ce mariage qui luy estoit si avantageux pour luy laisser épouser Isabelle, qu'il tenoit comme une maniere d'Esclave. Incertain du parti qu'il devoit prendre pour venir à bout de ses intentions, il tomba dans un chagrin mortel, qui fut suivy d'une maladie dont il pensa mourir. Neantmoins faisant reflection à sa timidité, il en eut honte, & il resolut d'ouvrir son cœur à Isabelle.

Tous les domestiques estoient dans la derniere douleur de le voir dans l'estat où il estoit: son pere en mouroit de chagrin, & les Medecins ne connoissoient rien dans sa maladie. Un jour Isabelle estant seule dans sa chambre: Belle Isabelle, luy dit-il, d'une voix foible, & avec un esprit troublé, il ne faut point chercher d'autre cause de mon mal, que vos charmes: si vous voulez me rendre la vie que je vas perdre, donnez moy vostre cœur, je n'ay point d'autre dessein que de vous épouser, mais comme je crains que mon pere qui ne connoît pas ce que vous meritez, ne refuse de consentir à ma volonté, je vous demande que vous me donniez parole d'estre à moy, comme je vous jure presentement que je veux estre à vous toute ma vie, quoy que je ne pretende rien que mes parens n'ayent approuvé nostre mariage: Neanmoins la pensée que j'auray d'estre quelque jour avec vous, me rendra la santé & la joye que j'ay perduë.

Isabelle écouta le discours de Ricarede avec beaucoup de modestie, & voyant qu'il avoit cessé de parler: Depuis que le Ciel m'a tiré des mains de mes parens, luy dit-elle, pour me conduire dans cette maison, où j'ay receu tant de faveurs, je me suis resoluë de ne rien faire qui peust estre contre le sentiment de vostre Pere, & au lieu de recevoir comme un avantage l'honneur que vous me faites de me vouloir épouser, je le regarderois comme un malheur extréme s'il refusoit de consentir à vostre dessein : Si neanmoins j'estois assez heureuse pour pouvoir disposer de mon amour en vostre faveur, soyez persuadé, Ricarede, que dés à cette heure je vous le donnerois: cependant je vous permets de flatter vostre esperance de tout ce qui dépend de moy, & de croire que je n'apporteray jamais aucun obstacle à vostre bonheur.

Ces paroles donnerent à Ricarede toute la consolation possible, & luy firent verser des larmes de joye. Isabelle le quitta avec un plaisir secret d'avoir touché son cœur.

Quelques jours aprés la maladie

ladie de Ricarede ayant diminué, en peu de temps il reprit sa premiere santé. Comme il ne cherchoit que l'occasion de découvrir ses sentimens à ses parens, un jour se rencontrant seul avec sa Mere, aprés une longue conversation, & aprés avoir dit mille biens d'Isabelle, il luy avoüa qu'il l'aimoit passionnément, & que si son Pere ne la luy laissoit épouser, il en mouroit de chagrin. Sa Mere luy donna quelque esperance, & luy promit de faire son possible pour le disposer à consentir à une chose qu'elle trouvoit raisonnable. Peu de temps aprés elle en parla à son mary, qui sachant la passion violente de Ricarede, aprouva la proposition de sa femme, & chercha un pretexte apparent pour éviter le mariage de son Fils avec la Demoiselle Ecossoise, avec qui il estoit en quelque maniere engagé. Isabelle entroit alors dans sa quinziéme année, & Ricarede n'estoit âgé que de vingt ans, tous deux pleins d'une prudence admirable. On les disposoit à se marier dans trois jours, & les parens de Ricarede s'estimans tres-heureux d'avoir trouvé pour leur Fils une personne aussi sage que l'estoit Isabelle, prefererent ses bonnes qualitez & sa vertu à toutes les richesses de la Demoiselle d'Ecosse.

Les habits estoient déja faits,

les parens & les amis conviez, & il ne leur manquoit plus que de demander à la Reine son consentement, qui estoit necessaire pour le mariage des personnes de qualité. Les choses estoient en cet estat, lors qu'un soir cette Princesse envoya un Gentilhomme à Clotalde luy commander qu'il luy amenast le lendemain cette Fille Espagnole qu'il avoit prise à Cadix. Clotalde répondit qu'il le feroit. Cét ordre imprevû troubla extremement toute sa maison. Catalina sa femme, estoit dans une crainte mortelle que la Reine ne sçeût qu'elle avoit élevé Isabelle dans la Religion Catholique : tous ses domestiques estoient dans la mesme créance. Clotalde ne sçavoit quelles mesures prendre pour éviter le malheur qui le menaçoit, & Ricarede particulierement pour l'interest de son amour, estoit touché de la derniere douleur. Isabelle les consoloit par tout ce qu'elle leur pouvoit dire de plus fort pour les tirer de leur peine, & leur promit de ne pas dire à la Reine une seule parole qui ne fust à leur avantage.

Ils passerent le reste de la nuit à raisonner sur l'ordre que la Reine leur avoit envoyé, & faisant reflexion que le Gentilhomme s'en estoit acquité avec beaucoup de douceur & d'honnesteté, ils conclurent qu'asseurement la

Reine ne sçavoit pas qu'ils fussent Catholiques, mais qu'elle vouloit voir Isabelle, dont la vertu & les charmes estoient connus de tout le monde. Ils estoient fâchez de ne la luy avoir pas déja presentée, comme ils devoient: Mais pour s'excuser, ils resolurent de luy dire que dés le moment qu'elle fut tombée entre leurs mains, ils ne la regarderent pas comme une prisonniere, mais comme devant estre la femme de leur Fils. Neanmoins l'excuse estoit legere, parce que, comme on a déja dit, les personnes considerables ne pouvoient se marier, sans le consentement de la Reine. Le lendemain on habilla Isabelle à l'Espagnole;

d'une maniere magnifique: Elle avoit une robe de satin vert découpée, doublée de toile d'or & toute bordée de perles, son colier & sa ceinture estoient de diamans, suivant la coûtume des Dames d'Espagne, & ses cheveux blonds, qui faisoient sa coëffure, éclatoient en pierreries. En cet estat elle fut conduite chez la Reine; Clotalde, sa femme, & Ricarede l'accompagnoient dans un beau Carosse environné de leurs parens tous gens de qualité, qui estoient à cheval. Isabelle parut à Londres avec tant d'éclat, qu'elle attira le cœur de tout le monde : Elle arriva au Palais avec ce superbe cortege que luy avoit procuré Clotalde pour obliger la Reine de la considerer comme l'épouse de son fils Ricarede. Isabelle entra dans une grande sale, où estoit cette Princesse, & les personnes qui l'accompagnoient, estant restées à quelques pas de l'entrée, elle s'avança avec une grace admirable. Sa beauté éblouït tous ceux qui la regardoient : & s'étant jettée aux pieds de la Reine, elle luy dit en langue Angloise, qu'elle ne se plaignoit plus de la fortune, puisqu'elle avoit le bonheur de la voir : En luy disant ces paroles, elle prit sa main qu'elle baisa avec tout le respect imaginable. La Reine surprise de son extréme beauté, demeura quelque temps à la considerer, sans rien dire ; les Dames de la Cour estoient dans la mesme admiration : l'une estoit ravie de l'éclat de ses yeux, l'autre de la blancheur & de la vivacité de son teint, & les autres estoient charmées de son air & de la douceur de sa voix. Quelques momens aprés la Reine la fit lever, & luy dit de luy parler Espagnol, qu'elle l'entendoit ; & se tournant du costé de Clotalde : Je suis fâchée contre vous, luy dit-elle, de m'avoir si long-temps caché cette fille ; il est vray qu'elle est si charmante, que vous avez eu tout le sujet possible de la conserver ; mais elle est à moy presentement, & il faut me la rendre. J'avouë, Madame, répondit Clotald

Clotalde, que j'ay mal fait de n'avoir pas plûtost présenté Isabelle à vostre Majesté, je voulois auparavant la rendre digne de paroistre devant vous, & en mesme temps demander à vostre Majesté son consentement pour la marier à mon fils Ricarede. La Reine luy reprocha d'avoir formé ce dessein sans luy en parler. Mais Clotalde luy répondit que les services que luy & ses Ayeuls avoient rendus à la Couronne, pouvoient obtenir d'elle des choses plus considerables que le consentement qu'il luy demandoit, sans lequel il n'auroit jamais fait le mariage de son Fils avec Isabelle. Vous ne le ferez pas non plus, luy dit la

Reine, & tous les services dont vous me parlez ne serviront de rien à Ricarede pour épouser Isabelle, que je regarde comme ma fille, jusqu'à ce que luy-mesme l'ait meritée par sa valeur.

Isabelle voyant l'honneur extréme que luy faisoit la Reine, se jetta encore à ses genoux; Je ne sçay, Madame, luy dit-elle en langue Espagnole, si je dois appeller malheur l'estat où la fortune m'a reduite, puisque j'y reçois tant de graces de vostre Majesté; le nom qu'elle me donne de sa fille, m'est precieux à un tel point, qu'il n'y a aucun bien que je ne puisse attendre avec une qualité si glorieuse. Isabelle parla de si bonne grace, qu'elle acheva de gagner le cœur de la Reine : Elle la voulut avoir auprés d'elle, & la donna à sa Dame d'honneur, pour l'instruire de toutes les manieres de la Cour.

Ricarede voyant qu'on luy enlevoit Isabelle, fut sur le point de mourir de douleur, & tout abatu de déplaisir s'allant jetter aux pieds de la Reine : Pour servir vostre Majesté, luy dit-il, je n'aurois besoin d'autre exemple que de la generosité avec laquelle mes Ayeuls ont cherché la gloire de cette Couronne ; mais puisque vostre Majesté souhaite de moy de nouveaux services, je vous supplie de me dire de quelle maniere & en quelles occasions vous voulez que je vous obeïsse. Il y a au port 2. Vaisseaux prests à partir, luy répondit la Reine, dont j'ay donné le commandement au Baron de Lansac : je vous fais Capitaine de l'un ; quoy que vous soyez jeune, le sang d'où vous venez m'asseure de vostre valeur, souvenez-vous seulement de la faveur que je vous fais, je vous donne les occasions de soûtenir l'estime qu'on a de vous, en servant vostre Reine, & de meriter la plus grande recompense qu'à mon sentiment vous puissiez jamais souhaitter ; je vous conserve moy-mesme Isabelle, je ne doute pas que vous ne l'aimiez : Allez, puisque vous partez avec tant d'amour, je me promets tout de voſtre courage. (Heureux le Prince guerier qui a dans ſon armée dix mille ſoldats Amants, qui pour la recompenſe de leurs actions genereuſes, eſperent les bonnes-graces de celles qu'ils aiment.) Levez-vous, & voyez ſi vous avez quelque choſe à dire à Iſabelle, parce qu'il faut que vous partiez demain. Ricarede ayant baiſé avec beaucoup de reſpect les mains à la Reine, s'aprocha d'Iſabelle ; mais touché de l'extréme douleur de la quitter, quelque effort qu'il fiſt ſur luy-meſme, il ne pût luy dire une ſeule parole, ſes larmes luy expliquerent ſes ſentimens : & comme il tâchoit de les cacher aux yeux de la Reine : N'ayez point de honte de pleurer, luy dit cette Princesse, je ne vous estime pas moins pour donner en cette occasion des marques sensibles de la foiblesse de vostre cœur, on ne laisse pas d'estre genereux, quoy qu'on se sepa re avec beaucoup de tristesse, de la personne qu'on aime. Elle ordonna à Isabelle de l'embrasser, mais elle estant étonnée & ravie de connoistre l'amour de Ricarede, par les témoignages de sa douleur, n'entendit pas le commandement que luy fit la Reine, & comme elle aimoit Ricarede, voyant qu'il la quittoit, elle ne pût retenir une abondance de larmes, qu'elle versoit sans penser au lieu où elle estoit. La tristesse de ces deux Amants toucha le cœur de plusieurs personnes qui les regardoient : Enfin Ricarede & Isabelle se separerent sans se pouvoir dire une seule parole. Clotalde & toute sa compagnie, ayant salüé la Reine, se retirerent remplis d'une extréme douleur; & Isabelle resta auprés d'elle, craignant que cette Princesse ne la fit instruire en sa Religion contraire à la Catholique, dans laquelle elle avoit toûjours esté élevée.

Deux jours aprés Ricarede se mit à la voile, craignant une chose qui luy donnoit beaucoup de chagrin. Il consideroit qu'il ne pouvoit meriter Isabelle, que par des actions de valeur, & qu'en attaquant des Chreſtiens, il perſecutoit des gens qui avoient avec luy la meſme créance. Il demanda au Ciel de luy faire naiſtre quelque occaſion, où en ſervant la Reine, il peuſt donner des marques de ſon courage, ſans bleſſer ſa Religion.

Il y avoit ſix jours que ces deux Vaiſſeaux eſtoient pouſſez par un vent favorable du coſté des Iſles Terceres, où l'on trouve toûjours quelques Navires Portuguais qui reviennent des Indes Orientales ou Occidentales ; au bout de ce temps-là le vent changea, & il en vint un du coſté du Midy, qui les pouſſa avec tant de violence, qu'au lieu de prendre terre à ces Isles, ils furēt jettez en peu de temps sur les costes d'Espagne. Ils découvrirent vers le détroit de Gibraltar un Vaisseau extrémement grand & deux Galeres mediocres. Ricarede voulant demander au Baron de Lansac s'il jugeoit à propos de les attaquer, s'aprocha du Vaisseau où il estoit; mais comme il fut plus prés, il vit que l'on attachoit au mast une Banniere noire, & il oüit un bruit lugubre de tambours & de trompettes, qui luy persuada ou que Lansac estoit mort, ou quelqu'autre personne considerable : Comme il fut à la portée de la voix, il entendit qu'on l'apella, & qu'on le pria de passer dans le Vaisseau, parce que leur General estoit mort subitement la nuit précedente.

Cette nouvelle donna beaucoup de douleur à tous ceux qui estoient avec Ricarede. Luy neanmoins en eut une joye secrete, non pas tant de la mort du Baron de Lansac, qu'il regrettoit, comme de se voir par ce moyen le seul maistre de ces deux Vaisseaux: Il passa dans celuy où on l'appelloit; il trouva dans le cœur des soldats beaucoup de tristesse: neanmoins ils le receurent tous comme leur General, & luy promirent une entiere obeïssance.

Le Vaisseau & les deux Galeres qu'ils avoient découvertes, s'estant separées, s'approchoient pour les inveſtir. Ricarede connut au Croiſſant qui eſtoit aux Bannieres, que c'eſtoient des Turcs. Il eut un plaiſir extréme de trouver une occaſion de combatre, ſans bleſſer la Religion qu'il profeſſoit. Les deux Galeres s'aprocherent des Vaiſſeaux Anglois, qui pour n'eſtre pas reconnus, portoient les bannieres d'Eſpagne. Les Turcs creurent que c'eſtoient quelques Navires qui venoient des Indes, & qui leur paroiſſant fatiguez de la mer, n'eſtoient pas apparemment en eſtat de ſe défendre : croyant les prendre ſans peine, ils vinrent droit à Ricarede. Quand il les vit à la portée du canon, il fit faire une décharge ſi à propos, qu'une de ces Galeres fut ouverte; l'autre craignant une fortune pareille, se mit à couvert du grand Vaisseau. Ricarede faisant recharger, les poursuivit, & les mena si rudement, qu'ils furent contraints de se sauver dans ce grand Vaisseau, pour conserver leur vie.

Les Esclaves qui ramoient dans les deux Galeres estoient Chrestiens, ayant rompus leurs chaînes, ils se meslerent parmy les Turcs, & voyant l'occasion de recouvrer leur liberté, ils se jetterent eux-mesmes sur le reste de ces Infideles qu'ils égorgerent de leurs propres armes. Par ce moyen s'estant rendus maistres du grand Vaisseau, quelques Espagnols se mirent sur le bord, pour convier ceux qu'ils croyoient estre de la mesme nation, à venir jouïr de leur victoire.

Ricarede leur demanda à qui appartenoit le Vaisseau où ils estoient : ils luy répondirent qu'il venoit des Indes, chargé de beaucoup de pierreries & d'autres marchandises qui valoient plus d'un million d'or, qu'ayant esté long-temps battus par la tempeste, le vent les avoit poussez sur cette coste, où ils avoient esté contraints, de peur de perir, de jetter toute leur artillerie dans la mer, & qu'ayant trouvé en cet endroit ces deux Galeres Turcques qui estoient au Corsaire Arnaut Mami, ils avoient esté pris, sans pouvoir se défendre. Ricarede leur cria que quoy que leurs Vaisseaux portassent les bannieres d'Espagne, ils appartenoient à la Reine d'Angleterre; mais que cela ne devoit pas les surprendre, qu'il ne leur ariveroit aucun mal, & qu'il leur promettoit la liberté, pourveu qu'ils ne se missent pas en défense. Ils luy dirent qu'ils n'estoient pas en cet estat là, qu'ils n'avoient ny armes ny artillerie, qu'ils se confioient entierement à sa generosité, qu'ils esperoient que les ayant déja délivrez de la tyrannie des Turcs, il acheveroit de leur faire une grace qu'ils publieroient toute leur vie, & qui rendroit son nom illustre dans tous les lieux où sa victoire seroit connuë.

Les paroles de ces Espagnols toucherent le cœur de Ricarede, qui assemblant les Officiers des deux Vaisseaux, leur demanda conseil pour sçavoir de quelle maniere il pourroit se saisir de celuy des Portugais, sans se mettre en danger luy-mesme, d'estre vaincu par le grand nombre de soldats Espagnols qui y estoient demeurez.

Les uns furent d'avis qu'il les falloit faire entrer dans son Vaisseau l'un aprés l'autre, & les tuer à mesure qu'ils entreroient, & qu'alors on pourroit mener sans crainte ce grand Vaisseau Portugais à Londres. Ricarede qui estoit genereux, ne voulant faire mourir aucun Chrestien, répondit qu'il ne falloit pas traitter si cruellement des gens qui s'abandonnoient à eux; que la violence estoit un remede, dont on ne devoit user que dans l'extremité, qu'une action si barbare terniroit leur valeur, & qu'il faloit chercher la gloire sans aucun mélange de cruauté. Il ajoûta qu'il estoit d'avis qu'on fist passer dans ce grand Vaisseau Portugais toute l'artillerie qui estoit dans le plus petit des leurs, que par ce moyen ils le meneroient facilement en Angleterre, laissant le leur à ces Chrestiens pour retourner en Espagne.

Personne n'osa rien dire contre ce qu'avoit proposé Ricarede

rede; quelques-uns trouverent son avis judicieux, & qui marquoit bien sa generosité; mais les autres pensoient qu'il avoit plus d'égard pour les Catholiques qu'il ne devoit.

Il passa avec cinquante des siens, bien armez, dans le Vaisseau Portugais, où il trouva trois cens hommes qui s'étoient sauvez des deux Galeres du Corsaire Mami, il y fit traîner son artillerie, comme il l'avoit resolu, & il commanda à ces Chrestiens d'aller dans le Vaisseau qu'il leur donnoit, où ils trouveroient toutes les choses necessaires pour retourner en Espagne.

Une action si genereuse toucha le cœur de ces malheueux, qui témoignerent à Ricarede par tout ce qu'ils luy purent dire de plus obligeant, la recõnoissance qu'ils avoient de leur liberté & de leur vie. Quand ils furent tous entrez dans le Vaisseau qu'il leur avoit donné, celuy qui avoit parlé le premier à Ricarede, ne voulant pas aller avec ses compagnons : Je vous supplie, Seigneur, luy dit-il, de m'accorder la grace que je vous demande, de me mener en Angleterre avec vous ; il n'y a que six jours que j'ay quitté mon païs, & je suis asseuré de n'y trouver que des choses qui me seront douloureuses: Quand les Anglois pillerent Cadix, on m'enleva une petite fille qui estoit toute ma joye & la seule consolation que je pouvois avoir dans ma vieillesse : depuis ce moment ma vie n'a esté qu'une suite de déplaisirs, sans estre capable de la moindre douceur, ayant perdu tout mon bien, & nous voyant dans la derniere extremité, ma femme, qui est cette miserable que vous voyez-là assise & moy nous resolumes d'aller aux Indes, qui est le refuge des malheureux ; nous nous embarquâmes dans un Vaisseau qui devoit partir ; mais la fortune qui vouloit renouveller nos malheurs, nous fit tomber entre les mains de ce Corsaire que vous avez vaincu. Il prit en suite ce grand Vaisseau Portugais, qu'il conduisoit en Barbarie, quand vous l'avez rencontré.

Ricarede surpris des paroles qu'il venoit d'entendre, demanda à cet Espagnol le nom de sa fille, & quand il sçeut qu'elle s'appelloit Isabelle, il acheva de se confirmer dans la pensée où il estoit déja que cet homme estoit sans doute le pere de sa Maistresse. Il ne voulut luy donner aucune nouvelle de sa fille, mais il luy offrit de le mener à Londres, & luy dit que peut-estre il auroit en ce païs-là quelque nouvelle de la personne qu'il avoit perduë. L'ayant receu dans son Vaisseau, il se sepera des Espagnols, parmy lesquels il restoit encore quelques Turcs, à qui Ricarede donna aussi la liberté, pour témoigner aux siens que s'il en avoit bien usé avec les Catholiques, c'estoit moins par la consideration de leur Religion, que par une pure generosité. Le vent qui estoit favorable, & qui sembloit devoir durer longtemps, ayant cessé tout d'un coup, leurs Vaisseaux ne pouvoient avancer: Ce calme donna de la crainte aux Anglois, qui se plaignant à Ricarede de la liberté qu'il avoit donnée à ces Espagnols, luy disoient qu'estant prés de leur païs, ils pouvoient dire ce qui leur estoit arrivé, & que se rencontrant dans leur port quelques Galeres armées prestes à marcher, ils en seroient infailliblement poursuivis, & seroient en danger de perdre la vie avec tout le butin qu'ils avoient fait. Ricarede qui voyoit bien que leurs plaintes estoient raisonnables, tâcha de les adoucir par tout ce qu'il pût trouver de plus apparent, & le vent favorable qui recõmença à souffler, acheva de les appaiser. En neuf jours ils furent à la veuë de Londres: Ricarede entrant dans le Port, fit attacher deux Estendarts, l'un semé de Croissans, & l'autre de taffetas noir, dont les bords touchoient l'eau. Avec ces signes de joye & de tristesse, il entra avec son petit Vaisseau dans la Tamise, où le grand ne pouuoit aller. Il resta en pleine mer; le peuple qui voyoit approcher ce Vaisseau avec des Estendarts si differens, ne pouvoit deviner la cause d'une si grande diversité : chacun connoissoit bien que c'estoit un des Vaisseaux du Baron de Lansac ; mais ils ne sçavoient cõment on avoit pû changer l'autre pour ce grand qui ne pouvoit entrer dans le Port. Ils furent bientost éclaircis par Ricarede, qui se mettant dans un esquif, se fit conduire à terre, où il fut receu de tout le monde avec des cris de joye. Il alla d'abord au Palais de la Reine, accompagné d'une foule de peuple qui le suivoit : Elle estoit avec plusieurs Dames, parmy lesquelles estoit Isabelle habillée à l'Angloise &

aussi charmante avec cet habit, qu'avec celuy que portent les Dames d'Espagne. Le brüit de son arrivée estoit déja à la Cour; Isabelle fut troublée entendant nommer Ricarede, & en ce moment son cœur se remplit de crainte & d'esperance pour des choses qu'elle ne connoissoit pas.

Ricarede arriva au Palais de la Reine avec un habit magnifique: ses armes estoient éclatantes; & comme il avoit l'air grand, il charmoit tous ceux qui le regardoient: En cet estat il s'approcha de la Reine, & s'étant jetté à ses genoux: Madame, luy dit-il, depuis la mort du Baron de Lansac, ayant pris la conduite des deux Vaisseaux, comme me votre Majesté l'avoit souhaité. Je rencontray deux Galeres Turcques, qui menoient un grand Vaisseau Portugais, Ayãt avec vos soldats attaqué ces Infideles, nous les avons vaincus, & avons coulez leurs Galeres à fonds, & comme il y avoit plusieurs Esclaves Chrestiens qui s'estoient sauvez dans le grand Navire que nous avons pris, je leur ay donné la liberté à votre nom, & les ay renvoyez en Espagne avec un Vaisseau de ceux que votre Majesté m'avoit confiez: De tous ces gens-là j'ay seulement amené icy un homme & une femme qui veulent avoir l'honneur de se jetter à vos pieds. Le Navire dont je vous ay parlé, Madame, est un de ceux qui venoient des Indes. Ayant longtemps esté battu par la tempeste, & ne pouvant presque plus se défendre, les Turcs l'avoient pris sans peine : il est chargé de pierreries & de plusieurs autres choses pretieuses. Les Corsaires ny vos soldats n'y ont point touché, je l'ay conservé pour vostre Majesté : Et pour toutes ces richesses, je luy demande seulement de se souvenir de la recompense qu'elle m'a promise : c'est Isabelle, Madame, avec qui je seray plus riche, qu'avec tous les thresors de la terre, & je reconnoistray cette faveur dans toutes les occasions où mes services vous seront agreables. Levez-vous, Ricarede, luy répondit la Reine, Isabelle est un present, qui selon mon estime, est plus precieux que toutes les choses du monde ; & quelque service que vous me rendiez jamais, je doute que vous la puissiez meriter. Cependant je vous la donne, comme je l'ay promis ; je vous l'ay conservée avec autant de soin que vous en avez eu à mé garder les pierreries dont vous me parlez ; peut-estre croyez-vous que vous rendant ce qui vous appartient, vous ne m'estes pas fort obligé : neanmoins si vous considerez que la personne que je vous donne, est la seule pour qui vous puissiez estre sensible, & qui fait tout vostre bon-heur, vous trouverez que la faveur que je vous fais merite quelque reconnoissance : Isabelle est donc à vous, vous la voyez, le temps de vostre mariage ne dépend que de vostre volonté ; je ne doute pas qu'elle ne reçoive avec beaucoup de plaisir l'honneur que vous luy ferez. Elle est prudente, & ainsi elle sçaura reconnoistre la tendresse que vous luy avez toûjours témoignée : allez vous délasser de vos fatigues, & revenez demain, je seray bien aise de sçavoir le détail de vostre combat, & amenez ces deux personnes qui ont envie de me voir. Aprés ces dernieres paroles, la Reine entra dans un cabinet, laissant Ricarede avec les Dames, qui l'environnerent toutes pour luy demander des nouvelles de son voyage; une d'entr'elles nommée la Comtesse de Tansi, grande amie d'Isabelle & celle de la Cour, qui estoit la plus spirituelle & la plus galante: Pourquoy, Ricarede, luy dit-elle en raillant, venez-vous icy armé, cherchez-vous encore quelques ennemis à combattre? il n'y a pas une de nous qui ne vous estime beaucoup, si ce n'est Isabelle, qui estant Espagnole, n'est obligée de penser à vous, que pour vous haïr. Madame, répondit Ricarede, pourveu que je sois assez heureux pour avoir quelque part à son souvenir, je n'ay pas lieu de me plaindre; elle est si douce, que son cœur ne sçauroit sentir de l'aversion pour personne. Puisque je dois estre à vous, luy dit Isabelle, je me reserve à un autre temps à vous remercier de toutes les choses obligeantes que vous me dites.

Pendant la conversation de Ricarede avec ces Dames, qui dura quelque temps, une petite fille se rencontrant parmy elles, le consideroit extrémement, elle levoit quelquefois son juste-au-corps pour voir son habit magnifique, & touchant avec une simplicité d'enfant son épée toute semée de pierreries, elle la regardoit attentivement. Quand il fut sorti de la sale, cette petite fille s'adressant aux Dames: Je me figure, dit-elle, que la guerre doit estre quelque chose de beau, puisque les gens armez paroissent si charmans, mesme parmy les Dames. La Comtesse de Tansi prenant la parole, compara Ricarede couvert de ses armes éclatantes, au Soleil qui estoit descendu du Ciel pour se promener sur la Terre. La comparaison semblant un peu violente, fit rire toutes celles qui l'entendirent, aussi bien que le discours de la petite fille qui avoit parlé si naïvement.

Il ne manqua pas d'envieux qui dirent que Ricarede avoit esté bien hardy d'aller au Palais armé, & qu'en cette occasion il avoit manqué de respect pour la Reine, les autres tacherent de le justifier, en pardonnant à un jeune homme, qui rempli de la victoire qu'il venoit de remporter, ne pensoit à autre chose qu'à l'aller dire. Ricarede fut receu de ses parens & de ses amis avec toute la tendresse possible. Pendant la nuit la ville fut pleine de réjouïssances pour le bon succez de ses armes.

Il avoit remis le pere & la mere d'Isabelle entre les mains de son pere, à qui il avoit découvert qui ils estoient, le priant de ne leur pas dire l'estat où estoit leur fille, parce qu'il souhaittoit que ce fust luy-mesme qui leur donnast cette heureuse nouvelle. On fut huit jours à décharger le grand Vaisseau Portugais, avec l'étonnement de tous ceux qui voyoient une si grande quantité de pierreries & d'autres marchandises pretieuses. Le lendemain Ricarede fut chez la Reine, accompagné du pere & de la mere d'Isabelle qu'il avoit fait habiller à l'Angloise. La Reine environnée de toutes les Dames, l'attendoit dans la mesme sale, où elle l'avoit vû le jour auparavant, & pour luy témoigner l'estime qu'elle avoit pour luy, elle fit mettre Isabelle à son costé, couverte d'un habit magnifique, & avec une beauté qui éblouïssoit tout le monde. Ces deux Espagnols furent ravis de voir tant de galanterie & de magnificence ; ils regardoient Isabelle avec étonnement, & quoy que les longues années depuis qu'ils l'avoient perduë, leur en eussent osté la connoissance, neantmoins en la regardant ils sentoient dans leur cœur quelque chose de tendre qu'ils ne pouvoient deviner. La Reine ne voulant point souffrir que Ricarede fust à genoux devant elle, toute fiere qu'elle estoit, ne laissa pas de le faire asseoir, ce qui donna occasion de dire que le proverbe est veritable, qui dit que les presens adoucissent les Dieux, puisque les grandes richesses que Ricarede avoit aportées, avoient touché le cœur de la Reine; & les envieux qui meurent de chagrin quand leur Prince distingue un de ses courtisans par un honneur particulier, ne manquerent pas de murmurer de celuy que recevoit Ricarede. Il fit à cette Princesse le détail du combat qui s'estoit passé entre les Corsaires & luy, il attribüoit à ses soldats l'honneur de la victoire : il les loüa tous en general, il pria la Reine de recompenser leur valeur, & distinguant parmy eux, ceux qui avoient combattu avec plus de courage, il les luy offrit, comme des gens qui meritoient une recompense particuliere : Il parla en suite des Turcs & des Chrestiens à qui il avoit donné la liberté, & montrant ces deux personnes qu'il avoit amenées : Cet Espagnol & sa femme, que vostre Majesté voit devant elle (dit-il à la Reine) font ces gens qui n'ont pas voulu fuivre leurs compagnons en Efpagne, & qui m'ont prié de les conduire icy, pour avoir l'honneur de voir voftre Majefté. Ils font de Cadis, de la façon qu'on m'a parlé d'eux, & autant que je l'ay pû connoiftre par leurs paroles, ce font des perfonnes confiderables. La Reine les fit d'abord approcher, & Ifabelle apprenant qu'ils eftoient tous deux de Cadis, les regarda avec beaucoup d'attention à deffein de leur demander s'ils ne connoiffoient point fes parens. Sa mere la confidera, & s'approcha d'elle pour la mieux voir, Ifabelle commençant à rappeller ses idées, se souvenoit confusément d'avoir veu quelque part cette femme: son pere estoit dans la mesme pensée, en regardant Isabelle. Ricarede les voyoit tous trois dans le doute où ils estoient de se reconnoistre. La Reine prit garde à leurs embarras, & principalement à l'inquiétude d'Isabelle, qui ne sçavoit quelle posture tenir: elle souhaitoit d'entendre parler cette femme, pour voir si sa voix ne la luy fairoit point reconnoistre, & la Reine luy permettant de leur demander en Espagnol pourquoy ils avoient refusé la liberté que Ricarede leur avoit offerte, cette femme sans repondre à Isabelle une seule parole, s'approcha d'elle brusquement, & mettant la main vers son oreille, elle vit une marque noire qui acheva de luy persuader qu'Isabelle estoit sa fille. Transportée de joye & l'embrassant tendrement sans songer au respect qu'elle devoit à la Reine: O ma chere fille, s'écria-t'elle, ô la seule consolation de mon ame: Apres ces paroles, ne pouvant supporter la joye extreme dont son cœur estoit saisi, elle tomba entre ses bras: Son pere moins emporté dans sa tendresse, témoigna par ses larmes le plaisir qu'il recevoit. Isabelle ne pouvoit cesser de baiser sa mere, & tournant les yeux du costé de son pere, elle luy faisoit voir dans ses regards l'excez de sa joye. La Reine surprise dit à Ricarede que c'estoit luy asseurement qui estoit la cause de tout ce qu'elle voyoit; mais qu'il devoit sçavoir qu'une grande joye peut aussi bien faire mourir, qu'une tristesse extreme : Ayant dit ces paroles elle, se tourna du costé d'Isabelle, elle tacha de la tirer d'entre les bras de sa mere, qui estant un peu revenuë de son évanoüissement, & se jettant aux genoux de la Reine. Ie demande pardon à Vostre Majesté, luy dit elle, de l'emportement que j'ay témoigné devant elle ; mais Madame il n'est pas extraordinaire d'en avoir quand on trouve la seule personne qui fait toute nostre consolation.

La Reine la faisant lever, luy témoigna la part qu'elle prenoit à son bonheur, & pour le luy procurer tout entier, elle les retint dans le Palais, afin qu'ils vissent toûjours Isabelle & qu'ils pussent se communiquer leur plaisir. Ricarede ravy de l'honneur que la Reine faisoit aux parens d'Isabelle, la supplia de luy tenir la parole qu'elle luy avoit donnée, de la luy faire épouser, en cas qu'elle l'en creust digne, & luy offrit en mesme temps d'aller chercher de nouvelles occasions de combattre, pour la meriter davantage. Cette Princesse jugeant bien par les paroles de Ricarede qu'il estoit satisfait

fait de luy mesme, luy repondit qu'elle estoit contante de ses services, sans exiger de luy d'autres marques de sa valeur, & luy promit de faire dans peu de jours son mariage avec Isabelle.

Ricarede se retira, ravy d'avoir bien-tost un bonheur parfait, sans craindre de le jamais perdre. Mais pendant le temps que la Reine avoit pris pour luy tenir sa parole, il arriva des choses si fascheuses qu'elles penserent renverser toutes les esperances de cet Amant.

La Reine avoit donné le soin d'Isabelle à sa Dame d'honneur, qui avoit un fils de vingt-deux ans, appellé le Comte d'Arnest : estant riche

& de grande qualité, & voyant la faveur qu'avoit sa mere auprés de la Reine: tous ces advantages de la nature & de la fortune l'avoient tellement rendu fier & superbe, qu'il estoit insurpportable à tout le monde. Il y avoit quelque temps qu'il estoit éperdu d'Isabelle, à qui il en avoit témoigné quelque chose pendant l'absence de Ricarede, mais elle ne pouvant écouter son amour, luy donna toutes les marques d'indiference & de froideur dont elle s'avisa, pour le rebuter. Ses dedains eurent un effet contraire, & au lieu d'obliger le Comte d'Arnest d'abandonner ses pretentions, son amour devenant plus violente, il redoubla ses poursuites. Voyant que Ricarede estoit sur le point d'épouser Isabelle, que la Reine luy avoit promise, il pensa mourir de douleur; neantmoins cherchant quelque remede pour sortir du chagrin où il estoit, il parla à la Comtesse sa mere, & luy ayant découvert la passion qu'il avoit pour Isabelle, il la pria de la demander pour luy à la Reine, ajoûtant que si cette Princesse la luy refusoit, il mourroit de desespoir. La Comtesse surprise des discours de son fils, & connoissant son esprit opiniâtre, & avec quelle violence il persevereroit dans ses sentimens, ne previt rien de bon pour son amour dans la suite;

Neanmoins ne voulant rien oublier pour luy procurer le bon-heur aprés lequel il soupiroit, elle luy promit de parler à la Reine, quoy qu'en elle-mesme elle jugeast bien qu'il luy seroit impossible de luy faire manquer à la promesse qu'elle avoit faite à Ricarede.

Le jour estant venu que le mariage d'Isabelle se devoit accomplir, la Reine commanda qu'on l'habillast d'une maniere magnifique. Elle-mesme luy attacha un Collier fait des plus belles perles qui fussent dans le Vaisseau Portugais, & luy fit present d'un diamant de grande valeur. Les Dames de la Cour ravies de ce mariage, s'estoient parées pour y assister : enfin toutes les choses estoient prestes pour la rejoüissance de ce jour, quand la Comtesse d'Arnest entra dans la Chambre de la Reine, & s'allant jetter à ses pieds, la supplia de differer encore de deux jours le mariage d'Isabelle; que cette faveur qu'elle luy feroit, luy tiendroit lieu de recompense de tous les services qu'elle luy avoit rendus & qu'elle luy rendroit à l'avenir. La Reine estonnée de la priere que luy faisoit la Comtesse avec tant d'empressement, luy en demanda la raison, puisqu'elle vouloit l'obliger à une chose qui estoit contre la parole qu'elle avoit donnée à Ricarede. La Comtesse la pria de luy accorder auparavant la grace qu'elle souhaittoit, & qu'après elle luy diroit ce qui l'obligeoit à la luy demander. Quand la Reine, curieuse de sçavoir la raison de la Comtesse d'Arnest, luy eut promis de remettre ce mariage à un autre jour, la Comtesse luy découvrit la passion violente que son fils avoit pour Isabelle, qu'il mourroit de déplaisir s'il ne l'épousoit, & que pour éviter ce mal-heur qu'elle prévoyoit, elle luy avoit demandé ces deux jours, afin de voir si pendant ce temps-là, elle ne trouveroit pas quelque moyen pour contenter le Comte d'Arnest. La Reine luy répondit que si elle ne s'estoit engagée à Ricarede, elle ne seroit pas en peine de satisfaire l'amour de son fils; mais qu'elle ne pouvoit retirer sa parole, & que toutes les choses du monde ne l'obligeroient jamais à y manquer. La Comtesse portant à son fils cette cruelle réponse, le mit au desespoir, sa passion devenant encore plus violente par les obstacles qu'on formoit à son dessein, il s'arma, & tout hors de luy-mesme, il fut en la maison de Clotalde ; il fit demander Ricarede qui estoit superbement habillé, comme un homme qui devant se marier ce jour là, se disposoit d'aller chez la Reine, accompagné de tous ses parens qui devoient assister à la ceremonie. Quand on luy vint dire que

le Comte d'Arnest luy vouloit parler, qu'il paroissoit fort en colere, & qu'il estoit armé. Ricarede le voulut voir. Le Comte s'estant approché de luy: Ricarede, luy dit-il, avec un air de mépris, la Reine te commanda il y a quelque temps de luy rendre des services, pour obtenir Isabelle: tu fus assez heureux pour gagner un Navire, & elle veut payer ton action par le mariage que tu souhaittes: Si en te promettant Isabelle, elle a crû qu'il n'y avoit personne à la Cour qui la meritast mieux que toy, elle s'est trompée. Tes services passez & tous ceux que tu peux rendre à l'avenir, ne seront jamais assez grands pour meriter

ter une telle recompense. Si tu doute de mes paroles, & que tu prétende les dementir, tu me vois prest à les soutenir contre toy au peril de ma vie. Ricarede sans se troubler des discours du Comte d'Arnest; Il est vray, luy dit-il, que je ne merite pas Isabelle, elle est infiniment au dessus de tout ce qu'on peut faire pour l'acquerir; mais je ne vois personne qui se puisse flatter d'en estre plus digne: J'accepte le defi que tu me fais, non pas pour douter du merite d'Isabelle, mais pour t'apprendre à moderer tes emportemens. Sans attendre la réponse du Comte, il courut d'abord à ses armes. Tout le monde fut troublé de l'action du Comte d'Arnest. On l'alla apprendre à la Reine, qui d'abord commanda au Capitaine de ses Gardes de l'arrester. Il arriva au moment que Ricarede sortoit pour se battre. D'abord que le Comte aperceut le Capitaine des Gardes, se doutant bien du sujet qui le faisoit venir: Tu vois, dit-il, à Ricarede, l'obstacle qu'on met à nostre dessein, si tu as envie de te vanger des paroles que je t'ay dites, tu me chercheras; & si tu ne le fais, je sçauray bien te trouver. Là dessus le Capitaine des Gardes s'estant approché, arresta le Comte, qui le pria de le conduire devant la Reine. Quand il y fut, toutes les larmes de la Comtesse sa mere, & les prieres qu'elle fit à cette Princesse, d'avoir égard à un jeune homme amoureux & emporté, n'empescherent pas qu'elle ne luy fist oster son épée, & qu'elle ne l'envoyast en prison pour le punir de ses emportemens. Isabelle & tous ses parens, furent extremement affligez de ces choses qui venoient troubler leur joye.

La Comtesse d'Arnest ayant laissé passer les premiers mouvemens de la colere de la Reine, luy dit que le moyen le plus seur pour empescher les querelles qui ne finiroient jamais entre la famille de Ricarede & la sienne, estoit d'envoyer en Espagne Isabelle qui estoit la cause de tous ces mal-heurs; ajoûtant qu'elle estoit Catholique & si fort attachée à sa Religion, que quelque chose qu'elle luy eust dit pour la desabuser de son erreur, elle n'avoit jamais pû la faire changer de sentimens.

La Reine au lieu de s'aigrir contre Isabelle, des discours qu'on luy faisoit, répondit à la Comtesse, qu'elle l'estimoit davantage d'estre fidelle à la Loy où elle avoit esté élevée, & que pour ce qui estoit de la renvoyer en Espagne, qu'on ne luy en parlast jamais, parce qu'elle l'aimoit à cause de ses bonnes qualitez, & qu'elle vouloit absolument la marier avec Ricarede, comme elle le luy avoit promis.

La Comtesse d'Arnest fut tellement touchée de la resolution de la Reine, qu'elle n'eut pas la force de luy repondre une parole; & estant toûjours persuadée comme elle l'estoit auparavant, qu'il n'y avoit aucun remede pour guerir le Comte son fils de la passion violente qu'il avoit pour Isabelle, que de perdre cette fille, elle resolut de l'empoisonner. C'estoit la pensée la plus cruelle qui pust jamais tomber dans l'esprit d'une femme de sa qualité, neanmoins elle la suivit comme le seul moyen qu'elle creut asseuré pour empescher les querelles de son fils & de Ricarede. Dés le soir mesme, voyant qu'Isabelle avoit quelque foiblesse de cœur, la Comtesse faisant l'empressée auprés d'elle, l'obligea par ses discours de prendre une conserve qu'elle disoit estre bonne contre ces sortes de maux. Comme cette conserve estoit empoisonnée, peu de temps aprés l'avoir prise, Isabelle sentit un grand feu dans l'estomac, elle perdit la voix, ses yeux se troublerent & ses lévres devinrent extrémement noires. Toutes ces choses estant des marques de poison, les Dames qui les virent, allerent d'abord les dire à la Reine, l'asseurant que la Comtesse d'Arnest avoit fait cette horrible action. La Reine en fut facilement persuadée; elle alla dans la chambre d'Isabelle, & commanda de faire venir ses Medecins, luy faisant toûjours prendre par avance de la poudre de Licorne, qui est un remede contre le poison. Quand ils furent arrivez, ne doutant point parce qu'ils avoient oüy dire, que la Comtesse d'Arnest n'eust empoisonné Isabelle, ils prierent la Reine de luy demander de quelle sorte de poison elle s'estoit servie. La Comtesse l'ayant avoüé, ils donnerent à Isabelle des choses si fortes pour la guerir, qu'en peu de temps elle fut hors de danger, & tout le monde conceut des esperances pour sa vie.

La Reine commanda qu'on

se saisist de la Comtesse, & qu'on la mist en prison dans une chambre du Palais, pour la punir de son crime, quoy qu'elle pretendist se justifier en disant qu'elle ne l'avoit commis que pour éviter les mal-heurs qui pouvoient arriver à son fils. Ricarede ayant appris ces tristes nouvelles, en pensa mourir de douleur. La jeunesse d'Isabelle & son temperament qui estoit fort, resisterent si bien au poison, qu'elle n'en mourut pas; mais son visage devint enflé, son teint livide, & ses yeux extremément abatus: Enfin, n'ayant plus aucunes marques de sa beauté passée, elle faisoit peur, &

ceux qui la connoissoient, l'auroient estimée plus heureuse d'estre morte, que de vivre si defigurée.

Ricarede qui avoit une tendresse veritable pour elle, ne laissoit pas de continuer à l'aymer, & la demandant à la Reine, il luy dit que quoy qu'elle eust perdu ses charmes, l'amour qu'il luy conservoit, trouveroit toûjours dans sa vertu dequoy se consoler. Il est vray, luy répondit la Reine, qu'Isabelle merite encore tout vostre cœur, je la remets entre vos mains, & le Ciel m'est témoin, que je n'avois pas envie de vous la donner en l'estat où elle est; je suis fort touchée de son mal-heur, & je tâcheray de vous témoigner, par la punition de la Comtesse d'Arnest, que je suis sensible à vos déplaisirs, & que je veux avoir part à vostre vengeance. Ricarede la supplia de pardonner à cette Dame l'action qu'elle avoit faite ; il luy dit plusieurs choses pour la justifier, ajoûtant que la crainte qu'elle avoit eüe du desespoir de son fils, l'avoit obligée par cette tendresse de mere, à prendre tous les moyens de le conserver. Ricarede mena dans sa maison Isabelle & tous ses parens. Cette Princesse ne pût la quitter qu'avec une sensible douleur ; & luy témoigna son affection par les grands presens de pierreries qu'elle luy fit, & par les habits magnifiques qu'elle luy donna.

Isabelle demeura toûjours défigurée comme elle estoit, & quoy que quelque temps aprés son teint fust revenu aussi beau qu'auparavant, neantmoins tous les autres défauts de son visage firent perdre l'esperance qu'elle pûst jamais recouvrer la beauté qu'elle avoit perduë. Les parens de Ricarede estant dans cette pensée, jetterent encore une fois les yeux sur cette Demoiselle Ecossoise, avec qui ils avoient eu dessein de le marier. Ils ne douterent pas que sa beauté ne luy fist facilement oublier Isabelle qui n'avoit plus de charmes pour l'arrester ; ils resolurent mesme de l'envoyer en Espagne avec ses parens, & de leur donner de grands biens pour se consoler de leur mauvaise fortune. Cette Demoiselle Ecossoise qu'on avoit fait venir à l'insceu de Ricarede, arriva à Londres, accompagnée comme le devoit estre une fille de sa qualité, & parut si pleine de charmes, qu'aprés Isabelle on n'avoit jamais rien vû de si beau.

Ricarede extremément surpris de son arrivée, craignit d'abord qu'Isabelle, se croyant abandonnée de luy, ne mourust de déplaisir. Pour prévenir ce mal-heur, il courut à sa chambre, & s'estant assis au chevet de son lit, où estoit son pere & sa mere : Ma chere Isabelle, luy dit-il, mes parens mal informez de l'amour que j'ay pour vous, ont fait venir icy, sans que je le sceusse, une Demoiselle d'Ecosse, qu'ils avoient destinée pour ma femme, avant que je vous eusse veuë, & je croy que leur pensée est qu'en voyant la beauté de cette fille, j'oublie plus facilement les charmes que vous avez eus. Si l'amour que j'eus pour vous lorsque je vous vis la premiere fois, n'avoit esté fondé que sur la beauté que vous aviez alors, peut-estre que je serois presentement capable de vous faire une infidelité ; mais comme j'ay plus consideré vostre vertu, que vos charmes, l'estat où vous estes, ne me fera jamais changer les sentimens de tendresse où vous m'avez toûjours veu, & je vous jure, ajoûta-t'il, en luy prenant la main, par la Religion que je professe, que je vous seray fidelle jusqu'au dernier moment de ma vie.

Les paroles de Ricarede dites d'un ton passionné, toucherent de joye le cœur d'Isabelle, qui ne sachant que repondre, ny que faire pour luy témoigner sa reconnoissance, baisa plusieurs fois sa main, & la baignant de ses larmes. Au lieu de refuser, luy dit-elle, l'honneur que vous me faites de vouloir m'épouser, je seray trop heureuse si vous pouvez quelquefois vous souvenir de moy. Ricarede charmé des discours d'Isabelle, l'embrassa tendrement, & ses parens en furent touchez jusques aux larmes. Il leur dit qu'il trouveroit le moyen de differer le mariage qu'on vouloit faire de luy avec la Demoiselle Ecossoise; que si son pere leur proposoit de les envoyer en Espagne, ils y allassent, sans témoigner aucun chagrin; qu'il les prioit estant arrivez à Seville, de l'y attendre pendant deux ans; que durant ce temps-là il mettroit ordre à ses affaires pour les aller joindre, si la mort ne l'en empeschoit. Isabelle luy répondit, que non seulement elle laisseroit passer le temps qu'il luy demandoit, mais qu'elle l'attendroit toute sa vie; & que si elle estoit assez mal-heureuse pour apprendre qu'il luy fust arrivé le moindre malheur, elle mourroit de deplaisir.

Ces discours si touchans renouvellerent leur douleur, & Ricarede sortant de la chambre d'Isabelle, alla prier son pere de differer son mariage jusqu'à ce qu'il eust fait le voyage d'Italie, qu'il ne demandoit qu'un an pour l'achever, & qu'au bout de ce temps là il reviendroit avec joye pour se marier. Clotalde qui aimoit Ricarede n'osa pas luy refuser ce qu'il luy demandoit avec tant d'ardeur, au contraire il en parla
aux

aux parens de Clisterne (qui est le nom de la Demoiselle Ecossoise) & leur dit tant de choses, qu'il les fit entrer dans son sentiment ; ajoûtant que pendant l'absence de Ricarede, il tiendroit leur fille dans sa maison, & qu'il auroit pour elle toute la tendresse imaginable.

Le voyage estant resolu, Clotalde dit à son fils le dessein qu'il avoit de demander permission à la Reine, d'envoyer en Espagne Isabelle, avec ses parens, qu'elle commençoit à se bien porter, & que peut-estre l'air de son pays contribueroit à luy redonner entierement la santé. Ricarede voulant cacher ses sentimens à son pere, luy repondit d'un ton indifferent, qu'il fist ce qu'il jugeroit à propos, qu'il le prioit seulement de luy laisser tous les presens que la Reine luy avoit faits. Il le luy promit, & fut ce jour là mesme luy demander son consentement pour marier son fils avec Clisterne, & pour renvoyer Isabelle en Espagne. La Reine luy accorda tout ce qu'il voulut, & en mesme temps, pour punir la Comtesse d'Arnest du crime qu'elle avoit fait, elle luy commanda de se défaire de sa Charge, & la condamna à donner à Isabelle une somme considerable; & pour châtier les emportemens du Comte d'Arnest, elle le banit pour six ans de son Royaume. Ce qui fut executé sur le champ.

Comme Isabelle devoit partir en peu de jours d'Angleterre, la Reine pour faciliter son voyage, fit appeller le Capitaine d'un Vaisseau Flamand qui alloit en Espagne, à qui elle commanda de mener Isabelle au lieu qu'elle souhaitteroit. Elle ordonna pareillement à Clotalde de luy laisser toutes les pierreries qu'elle luy avoit données : & le jour qu'elle vint prendre congé d'elle, cette Princesse l'ayant receuë avec beaucoup de marques d'amitié, luy fit de nouveaux presens, qu'Isabelle receut avec tous les témoignages de respect dont elle estoit capable ; la Reine l'embrassa tendrement, & luy ayant souhaitté un heureux voyage, elle la laissa avec les Dames de sa Cour. Comme Isabelle avoit perdu sa beauté, & qu'elles ne la regardoient plus avec jalousie, elles furent touchées de la voir partir, & luy demanderent quelque part en son affection.

Aprés ces adieux, elle revint chez Clotalde le remercier de toutes les faveurs qu'il luy avoit faites. Catalina sa femme la serrant tendrement entre ses bras, baigna son visage de larmes, & tous ceux de sa maison, dont elle étoit extremement aimée, donnerent plusieurs témoignages de leur douleur. Ricarede ne voulant pas estre present à une separation qui luy auroit esté trop sensible, prit occasion ce jour-là d'aller à la chasse avec un de ses amis. Isabelle & ses parens s'embarquerent dans ce Vaisseau Flamand, & un mois aprés ils arriverent heureusement à Cadis : Comme ils estoient connus de tout le monde, ils furent receus avec beaucoup de joye, chacun prenant part au bon-heur qu'ils avoient d'avoir trouvé Isabelle, & d'avoir évité d'estre prisonniers des Anglois, comme ils l'avoient apris de ceux que Ricarede avoit renvoyez en Espagne.

En ce temps-là Isabelle, contre toute apparence, commençoit à reprendre sa premiere beauté, aprés avoir resté quelques jours à Cadis pour se délasser de la fatigue de leur voyage, ils allerent à Seville, attendre Ricarede, qui leur avoit promis de les y aller joindre. Les parens d'Isabelle prirent dans cette Ville une grande maison auprés d'un Convent, où elle avoit une cousine, dont la voix charmoit tout le monde ; c'estoit à cette Religieuse que Ricarede devoit s'addresser pour sçavoir de ses nouvelles. Cependant la beauté d'Isabelle augmentoit tous les jours, & enfin elle devint aussi grande qu'elle l'avoit jamais esté ; ses charmes furent connus de tous ceux de la Ville, & quand on vouloit parler d'une beauté parfaite, *l'Espagnole Angloise.*

on citoit toûjours l'Espagnole-Angloise, qui estoit le nom qu'on luy donnoit communément. Elle écrivit à Clotalde & à Catalina sa femme, comme elle le leur avoit promis en partant : & elle apprit d'eux que le lendemain de son depart leur fils Ricarede estoit allé en France, pour passer de là en Italie. Cette nouvelle luy donna un extréme plaisir, & croyant toûjours que Ricarede pour luy tenir sa parole, la viendroit trouver à Seville, elle vivoit avec beaucoup de retenuë, pour luy donner de bonnes impressions de sa vertu; elle évitoit toutes les compagnies, elle fuyoit les lieux publics, & ne trouvant du plaisir que dans la retraite, elle ne prenoit jamais aucune part aux Festes publiques.

La beauté & la vertu d'Isabelle donnoient de l'amour à tous ceux qui la voyoient : Il ne se passoit point de nuits, qu'à la mode d'Espagne, on ne luy donnast des serenades, & le jour on tâchoit de la divertir par des courses de bagues qu'on faisoit devant ses fenestres. Comme elle estoit insensible à tous ces plaisirs, & qu'elle ne daignoit pas y estre presente, ses Amans pressez de leur passion, ne pouvant trouver aucun moyen de luy parler, se servirent de quelques femmes pour la luy faire sçavoir.

Il y avoit déja plus d'un an qu'Isabelle

qu'Isabelle demeuroit à Seville; & voyant que le temps aprochoit que Ricarede avoit promis de la venir épouser, elle sentoit dans son cœur une impatience extréme. Quelquefois s'imaginant de le voir, elle luy faisoit des reproches tendres de sa lenteur; elle luy demandoit les raisons qu'il avoit euës de la laisser si long-temps dans son inquietude, & aprenant de luy les choses qui l'avoient arresté, elle recevoit toutes ses excuses & l'embrassoit tendrement, sans avoir la force de le condamner. Son cœur goûtoit par avance ce plaisir imaginaire qui soulage les Amans, lors qu'on luy vint aporter une Lettre de Catalina, datée de Londres, qui contenoit ces paroles.

LETTRE.

MA CHERE FILLE,

Je viens d'aprendre, avec beaucoup de douleur, d'un homme que j'avois donné à Ricarede, pour le servir dans son Voyage, que le Comte d'Arnest l'avoit tué en France. Considerez l'estat pitoyable où nous sommes. Clotalde vous prie de vous souvenir de son malheureux fils, qui vous aimoit si tendrement, & de demander pour nous au Ciel la force de souffrir le mal-heur extrême qu'il nous envoye.

Isabelle aprit par cette Lettre & par le seing de Catalina, qu'elle connoissoit, que la mort de Ricarede estoit asseurée : Elle ne crût pas que l'homme qui avoit aporté cette funeste nouvelle, eust esté capable de l'inventer, ny que Catalina la luy voulust écrire à dessein ; puis qu'il n'y avoit rien qui pust l'obliger à luy donner une semblable douleur. Ayant achevé de lire la Lettre, sans donner aucune marque du deplaisir où elle estoit, elle entra avec un air aparemment tranquille dans un cabinet, où elle fit vœu d'estre Religieuse. Ses parens touchez de cette nouvelle, dissimuloient leur tristesse pour consoler Isabelle, qui recevant déja un grand soulagement du vœu qu'elle avoit fait, les consoloit elle-mesme. Elle leur dit le dessein où elle estoit de s'engager à la Religion. Ses parens aprouverent cette pensée, luy conseillant neanmoins d'attendre que les deux années que Ricarede avoit prises pour la venir épouser, fussent finies, afin d'estre plus asseurée de sa mort. Elle suivit leur conseil, & passant le temps qui restoit pour arriver à ce terme dans les exercices de Religion, elle se disposoit à se retirer dans le Convent où estoit sa Cousine. Les deux années estant écoulées, le jour vint qu'Isabelle devoit prendre l'habit. Le brüit de cette ceremonie s'étendit par tout: Ceux qui l'avoient veuë & qui la connoissoient seulement de reputation, accoururent pour y assister. Ses parens & ses amis qui y estoient conviez, avoient aussi prié les personnes les plus qualifiées de la Ville, chacun desirant avec ardeur de voir la beauté d'Isabelle, que sa modestie luy avoit toûjours fait cacher avec beaucoup de soin.

Comme c'est la coûtume des filles qui prennent l'habit de Religieuse, de s'habiller ce jour-là le plus magnifiquement qu'il leur est possible, Isabelle choisit l'habit qu'elle avoit lors qu'elle fut presentée à la Reine d'Angleterre : il estoit tout couvert de diamans & de perles ; & elle parut si belle, qu'elle attiroit les vœux de tout le monde. La maison de son pere estant auprés du Convent, elle y alla à pied ; la foule du peuple qui estoit accouru à cette solemnité, en fermoit toutes les avenuës : Les uns ravis en voyant Isabelle, loüoient le Ciel de luy avoir donné une beauté si charmante, & les autres l'ayant veuë passer en un endroit, couroient en un autre lieu pour avoir encore le plaisir de la regarder. Parmy tous ceux qui se pressoient pour voir cette Fille, un Esclave qui avoit esté racheté, comme on le jugeoit par la marque qu'il portoit devant luy, témoignoit un empressement extréme de la voir passer: Comme elle fut arrivée à la porte du Convent, où les Religieuses s'estoient assemblées pour la recevoir, cét Esclave appellant Isabelle à haute voix, luy dit de ne point entrer. Isabelle surprise de ces paroles, tournant les yeux du côsté de la voix qu'elle avoit entenduë, vit venir à elle un Esclave, fendant la presse, avec ardeur, & qui ayant laissé tomber un bonet bleu qu'il portoit, fit voir une quantité de cheveux blonds, qui persuaderent à tout le monde qu'il estoit étranger. Estant auprés d'elle : me connoissez-vous, luy dit il, je suis

Ricarede, qui viens icy pour vous épouser. Isabelle luy ayant répondu qu'elle le connoissoit; & ses parens l'ayant attentivement consideré, asseurez qu'il estoit Ricarede. Il se jetta aux genoux de cette fille, les yeux pleins de larmes : Je vous prie, luy dit-il, que l'habit que je porte, & l'estat de ma fortune, ne vous empeschent pas de me tenir la parole que vous m'avez donnée. Isabelle ne doutant plus que Ricarede ne fust devant ses yeux, se souvenant de la promesse qu'ils s'estoient faite de s'épouser, l'embrassant tendrement : Vous estes le seul, luy dit-elle, qui pouvez changer le dessein que j'avois fait de quitter le monde ; je vous ay toûjours conservé dans mon cœur, & n'estant pas morte de la douleur que je sentis en apprenant les nouvelles que vostre mere m'écrivit de vostre mort, je m'estois resoluë de passer en un Convent le reste de ma vie, pour vous garder toûjours la fidelité que je vous avois promise : Mais puisque le Ciel vous conserve encore, & qu'il met un obstacle si juste à mes desseins, je me rends à sa volonté, & je suis preste de vous tenir ma parole.

Tous ceux qui oüirent ce discours, extremément surpris d'un évenement si extraordinaire, demanderent qui estoit cét Esclave, ce qu'il prétendoit d'Isabelle, & de quelle chose elle luy parloit? Le pere de cette fille leur répondit que l'histoire qu'ils vouloient sçavoir, ne pouvoit estre racontée au lieu où ils estoient; mais qu'ils prissent la peine de venir chez luy, qu'ils seroient satisfaits. Alors on entendit la voix d'un de ceux qui estoit present, qui dit: Messieurs, ce jeune Esclave que vous voyez, est un Anglois que je connois, il y a environ deux ans, que des Corsaires d'Alger ayant pris un Vaisseau Portugais qui venoit des Indes, il le reprit sur eux, & les ayant vaincus, il me tira de la chaîne, moy & trois cens Chrestiens Espagnols, & nous donna la liberté, avec de l'argent, pour revenir dans noſtre païs. Ces paroles ſurprirent tous ceux qui les écouterent, & leur donnerent une envie encore plus grande d'aprendre les avantures de ce jeune Eſclave, qui leur ſembloient ſi extraordinaires. Toutes les perſonnes les plus qualifiées accompagnerent Iſabelle dans la maiſon de ſon pere, laiſſant les Religieuſes fort triſtes de perdre une ſi belle compagne. Quoy que Ricarede euſt deſſein de raconter ſon hiſtoire à cette illuſtre Compagnie, il jugea plus à propos de laiſſer parler Iſabelle, qui eſtant Eſpagnole, s'en acquitteroit mieux que luy. Tout le monde eſtant preſt à l'entendre, elle commença par ſon enlevement de Cadis ; elle parla de la victoire de Ricarede sur les Corsaires, & de la liberté qu'il avoit donnée aux Esclaves ; elle dit la promesse qu'ils s'estoient faite de s'épouser dans deux ans ; elle passa à la nouvelle qu'on luy avoit écrite de sa mort, qui l'avoit obligée de former le dessein d'estre Religieuse ; elle loüa extremement la liberalité de la Reine d'Angleterre, & la pieté des parens de Ricarede ; & s'adressant à luy, elle finit son discours, par la priere qu'elle luy fit de raconter à toute la Compagnie les avantures qu'il avoit euës depuis son depart de Londres, & par quel accident il estoit tombé dans l'esclavage. Ricarede voulant satisfaire les personnes qui l'écoutoient. Je partis de Londres, dit-il, pour éviter le mariage qu'on vouloit faire de moy avec une Demoiselle Ecossoise, dont on vient de vous parler, n'ayant pour me servir que cet homme, qui a porté à mes parens la nouvelle de ma mort ; ayant traversé la France, je fus à Rome, où j'arrivay avec beaucoup de plaisir ; je visitay les lieux Saints, & je vis toutes les autres choses dignes d'estre remarquées: Aprés y avoir passé quelque temps, j'apris qu'il y avoit deux Galeres de Gennes, qui devoient partir pour aller en Espagne. Voulant me servir de cette occasion, je me mis en chemin pour arriver au plûtost : En allant à Gennes il me falut passer dans une petit bourg appellé Aquapendente, de la domination du Pape : Dans l'hostellerie, où je descendis pour me reposer, je fus extremément estonné d'y voir le Comte d'Arnest mon mortel ennemy ; il estoit déguisé & suivi de quatre Valets, & j'apris qu'il alloit à Rome, plus comme je crois, par curiosité, que par devotion. Me persuadant qu'il ne m'avoit pas reconnu, je me retiray dans une chambre, avec dessein de changer d'hostellerie à l'entrée de la nuit : neanmoins voyant que le Comte, & qu'aucun de ses gens ne s'informoit qui j'estois, je restay dans cette mesme maison, feignant d'estre extremément fatigué: je me fit aporter dans ma chambre toutes les choses qui m'estoient necessaires. Aprés que j'eus soupé, laissant dormir mon Valet, & ayant visité mes armes en cas de besoin, je someilay sur une chaire, un peu aprés minuit, le Comte qui m'avoit reconnu, sans en faire semblant, accompagné de ses gens, vint enfoncer la porte de ma chambre, & croyant m'avoir fait tuer de plusieurs coups, de pistolets dont je ne fus que blesé, il prit un cheval qu'on tenoit prest, & dit à l'Hoste en sortant que j'estois homme de qualité, & qu'il eust soin de me faire enterrer. Mon Valet à ce que j'apris, s'estant éveillé au bruit, saisi de peur, se jetta par la fenestre, criant qu'on avoit tué son maistre; & pour éviter le mesme malheur, il se sauva, & s'en alla à Londres, où il porta la nouvelle de ma mort, laissant à ceux de l'hostellerie la commission que le Comte d'Arnest leur avoit donnée. Ceux de cette maison monterent d'abord à ma chambre. Me voyant étendu sur la place, ils visiterent les blessures qu'on m'avoit faites, & n'en trouvant pas une qui fust mortelle, me firent panser avec tant de soin, qu'en deux mois je fus en estat de continuer le chemin que j'avois pris pour venir en Espagne. Je vins à Gennes, mais n'y trouvant aucune

aucune commodité, quelques Espagnols qui vouloient faire le mesme voyage, furent d'avis que nous prissions deux Felouques, que nous les fissions équiper de toutes les choses necessaires, & que nous nous missions dans l'une, faisant aller l'autre devant pour découvrir les Corsaires qui pourroient nous surprendre. Suivant leur avis nous nous embarquâmes, avec dessein de costoyer toûjours le rivage, sans nous mettre en pleine mer : Neanmoins estans arrivez en un endroit appellé les trois Maries, qui est sur la coste de France, une de nos Felouques passant la premiere pour découurir les Corsaires, tout d'un coup deux Galeres

Turcques qui eſtoient à la cale, ſortirent, & l'une nous gagnans du coſté de la mer & l'autre du coſté de la terre, nous fumes pris, ſans pouvoir nous défendre. Ils nous mirent preſque tous nuds, prirent auſſi tout ce qui eſtoit dans nos Felouques, & les laiſſant vers le bord, ſans vouloir les couler à fonds, ils dirent que peut-eſtre elles pourroient encore leur aporter un butin ſemblable à celuy qu'ils venoient de faire. Quoy que la captivité où j'eſtois tombé, me donnaſt beaucoup de douleur, neanmoins ce qui me la rendit plus ſenſible, fut de perdre une petite caſſette, où entre autres choſes eſtoit une Lettre de change d'une somme considerable. Ma bonne fortune voulut qu'elle vint entre les mains d'un Esclave Espagnol, qui me la conserva avec beaucoup de soin, de peur que les Turcs venans à la découvrir, je n'eusse esté obligé à donner pour ma rançon la somme contenuë en cette Lettre. On nous conduisit à Alger, où ayant trouvé de ces Religieux qui rachetent les Esclaves, je me fis connoistre à eux, & les touchay de tant de compassion, qu'ils resolurent de me tirer de la chaîne. Le Religieux donna trois cens écus pour moy, cent alors, & deux cens qu'il promit au retour de quelques autres Peres du mesme Ordre, qui devoient aporter de l'argent, pour achever le payement des Esclaves qu'ils avoient rachetez. Ayant obtenu ma liberté par le moyen que je viens de vous dire, je demeuray une année à Alger avec le Religieux qui avoit payé ma rançon, en attendant ces autres Peres qui devoient arriver. De vous raconter les avantures que j'eus pendant ce temps-là, ce seroit commencer une nouvelle histoire ; je vous diray seulement que je fus reconnu d'un de ces Turcs à qui je donnay la liberté dans ce combat qui me fut si avantageux, & dont Isabelle vous a parlé : Ce Turc fut si reconnoissant de la grace que je luy avois faite, qu'il ne voulut jamais découvrir qui j'eſtois, de peur que ces barbares ſachans que j'avois vaincu un de leurs Corſaires, que je luy avois pris un Vaiſſeau Portugais, & que j'avois coulé à fond ſes deux Galeres, ne me fiſſent mourir, ou ne me preſentaſſent au Grand Seigneur, comme un criminel d'Eſtat, qui au moins m'euſt fait mettre dans un lieu d'où je ne ſerois ſorti de ma vie. Enfin, nous partimes d'Alger cinquante Eſclaves, conduits par le Pere qui nous avoit rachetez. Eſtant arrivez à Valence, nous y fimes la ceremonie de la Proceſſion ; aprés quoy chacun retourna dans ſon païs. Pour moy, n'ayant autre paſſion que de voir Iſabelle, je pris le chemin de cette Ville, où je suis arrivé aujourd'huy, & comme j'en devois apprendre des nouvelles en ce Convent, j'y suis venu, & l'ay trouvée en l'estat où vous l'avez veuë.

Ayant achevé ces paroles, il fit voir aux principaux de la compagnie des papiers qui estoient des marques certaines que son Histoire estoit veritable. Alors tous ceux qui estoient presens, ravis d'admiration de toutes les choses qu'ils venoient d'entendre, loüerent le Ciel d'avoir conservé Ricarede au milieu de tant de mal-heurs. Les personnes les plus illustres de cette Assemblée l'embrasserent, & luy offrirent tout ce qui pourroit contribuer à le rendre heureux. Ils prierent aussi Isabelle d'ecrire son Histoire pour la faire lire à tout le monde, & luy ayant témoi-moigné la joye qu'ils avoient de son bon-heur, ils se retirerent, luy promettant d'assister à son mariage, & la laissant avec ses parens & avec Ricarede, gouster la consolation qu'on a d'estre heureusement sortis de tant de dangers. Huit jours aprés la ceremonie s'en fit avec toute la joye & la magnificence imaginable. Par ce moyen les parens d'Isabelle ayant eu le bon-heur de la retrouver, la virent mariée avec un homme sorti d'une des plus Illustre Maison d'Angleterre, &

le mariage dure encore aujourd'huy, avec toute la douceur, & toute la tranquillité qu'on peut dire.

FIN.

www.ingramcontent.com/pod-product-compliance
Lightning Source LLC
Chambersburg PA
CBHW070438170426
43201CB00010B/1137